THE LIBRARY
ST. MARY'S COLLEGE OF MARYLAND
ST. MARY'S CITY, MARYLAND 20686

OTRAS OBRAS DEL AUTOR:
CANCION DE RACHEL
BIOGRAFIA DE UN CIMARRON
LA SAGRADA FAMILIA (poesía)

Gallego

LITERATURA
ALFAGUARA

Miguel Barnet
Gallego

EDICIONES
ALFAGUARA
S.   A.

MIGUEL A. BARNET, 1981

DE ESTA EDICION:
**EDICIONES
ALFAGUARA
S. A.**

PRINCIPE DE VERGARA, 81
MADRID-6
TELEFONO 261 97 00
1981

I.S.B.N.: 84-204-2128-6
DEPOSITO LEGAL: M. 35414-1981

INDICE

La aldea … … … … … … … …	13
La travesía … … … … … … …	35
La isla … … … … … … … … …	59
La guerra civil … … … … … …	163
La vuelta … … … … … … …	199

LA MAQUETA DE LA COLECCION
Y EL DISEÑO DE LA CUBIERTA
ESTUVIERON A CARGO DE
ENRIC SATUE ®

Agradecimiento:

Gran parte de la información que contiene esta obra está tomada de los ricos archivos de la Sección Gallega del Instituto de Literatura y Lingüística de la Academia de Ciencias de Cuba. Agradezco a dicho Instituto y a la persona del escritor gallego Xose Neira Vilas la cooperación que me brindaron para la investigación relacionada con este libro.

M. B.

Manuel Ruiz es Antonio, es Fabián, es José. Es el inmigrante gallego que abandonó su aldea en busca de bienestar y aventura. El que cruzó el Atlántico «ligero de equipaje», como escribiera Antonio Machado, para forjarse un nuevo destino en América. Su vida es una parte de la vida de nuestro país. Integrado a la población cubana, el gallego, como el asturiano, el catalán o el canario, contribuyó a crear nuestra personalidad nacional.

En esta historia Manuel Ruiz, que, como dije, puede llamarse Antonio, Fabián o José, es por encima de todo Manuel Ruiz, el Gallego.

LA ALDEA

> Galicia está probe
> Pr'a Habana me vou
> ¡Adios, adios prendas
> Do meu corazón!
>
> Rosalía de Castro

I

Una idea fija cambia el destino de un hombre. A veces le· temo a eso, porque yo soy terco y a la corta o a la larga me salgo con las mías. A mí nada se me puede meter en la cabeza. No le doy tiempo a las ideas; ellas vienen y las pongo en marcha. Así fue que llegué a Cuba. Ya era mucho lo que se decía. Todo era La Habana, el puerto, las frutas, las mujeres. Y yo, que soy correntón, me dije: qué esperas, Manuel, el hambre mata la razón, y me fui. En pocas horas lié mis bultos y me despedí un poco de mis parientes, que no eran malas personas, pero se negaban a salir de aquel atraso. Yo los entendía bien porque mi aldea, aunque pobre, tenía cierta alegría en tiempo de verano. Pero el frío y las brumas no había quien los aguantara. Y yo siempre soñé con el sol y con las plantas coposas. Tanto había oído hablar de Cuba, que no lo pensé dos veces. Cuba era un sueño para todo el mundo allí. La verdad es que la ponían de lo más bonita, de lo más alegre, y quién iba a pensar que aquí se pasaba tanto trabajo. Yo no sé qué es peor, si juntar gavillas de centeno o cortar caña, porque, en verdad, el frío para trabajar es duro, pero el sol ese que se incrusta en los huesos es peor, a mi entender. Nada, que el hombre pobre, donde quiera, la tiene que sudar. Vine decidido, eso sí, la aldea me aburría ya. Y luego ese servicio militar, que no salíamos de una guerra para entrar en la otra. Total para nada: los pobres eran los que se morían, y los coroneles y demás regresaban a sus casas como vinieron de Cuba cuando la Guerra de Independencia, y fueron los quintos, pobrecitos, los que se sembraron en los montes cubanos o llegaron desguasados y hechos una porquería. Ellos no; ellos llegaban empechados y querían mandarlo a uno a pelear con el hambre que hacía en Galicia, que todos teníamos el estómago pegado al espinazo. Yo mismo, con dieciséis años, pesaba ochenta libras en la pesa del puesto de mando de la guerra. Eso no se me olvida, porque uno allí dijo:

—A éste, cuando llegue a la edad, lo mandamos de correo, porque ha de ser ligero de pies.

Bueno, no se equivocaba mucho; ligero de pies sí era, y tanto que vine a parar a La Habana. Pero lo que se llama olvidar lo mío, eso no. Mi tierra es mi tierra[1]. Y es a ésa a la que tengo que honrar siempre. El que no quiere a su tierra es como el

---

[1] Cuando los afectos del alma son íntimos y grandes, en nuestro corazón palpitan esas sensaciones generadoras de las grandes afecciones y de los grandes amores, impulsándonos a la vida; hay que reconocer en nuestro ser algo nuevo, como la esencia, como el alma que la anima, que lo impulsa y lo llena todo. Por eso nuestro amor a Galicia, que es el más sagrado de nuestros amores, es una especie de delirio, de fanática veneración. Yo al menos nunca sentí tanto cariño, lo confieso, hacia mi patria chica. Será que los grandes sentimientos que germinan y fermentan en el santuario de nuestros amores esperan a que uno se vaya haciendo hombre para manifestarse en toda su sublimidad.

Nuevas afecciones que nos ligan más y más a nuestros paisanos, dulces lazos de una ternura indefinible que nos atan a nuestro suelo, son lo bastante para que un gallego de alma, de corazón, que posee ese sentimentalismo nostálgico, peculiar de nuestra constitución étnica, deje su tierra con indiferencia

que no quiere a su madre o el que tiene un hijo y
lo mete al torno. La tierra donde se nace siempre es
buena, y allí nadie lo va a echar a uno. Cuántos gallegos no han vuelto después de sesenta años acá y se
han quedado a vivir los últimos días de su vida en
la aldea. Porque la familia tampoco lo olvida a uno
aunque no haya habido cartas por medio. Esa es la
verdad de mi raza. Somos fieles a la patria y a la
familia. El caso mío, vaya, es un poco distinto, porque mi familia era corta y ahora más. Así que yo
digo que poco tengo que responder por la humani-

---

y sin lágrimas. ¿Cómo, pues, no compadecer a los pobres emigrantes?

Galicia es para mí lo que para el amante las caricias de
su amada, el paraíso de mis ensueños, el cielo de mis quimeras,
la tierra donde convergen mis anhelos, mis ilusiones todas,
donde el alma contempla fascinada la belleza de sus campos,
de sus valles, de sus montañas, de sus costas áridas y román-
ticas. Por eso mi alma se siente pegada a ella, atada con ese
lazo dulcísimo de los grandes amores. Y cuando pienso que
algún día cercano quizá vagaré por el mundo como infeliz
bohemio, sin paz ni hogar, siguiendo los impulsos de una vida
errante, lejos de mi tierra, de las personas que amo... siento
latir mi corazón con más fiebre, con más intensidad, siento
renacer en mis sentimientos de exaltada ternura, al reproducirse
como por efecto de una ilusión óptica, los tristes e invulnera-
bles episodios de mi vida —también el dolor tiene su atrac-
tivo—, las bellas imágenes de seres queridos que llenaron por
breve tiempo de gozo mi existencia, los más seductores ensueños que mi cerebro forjó en secretas lucubraciones.

Mi alma llora lágrimas de acerba amargura, y glóbulos
sanguíneos, como trozos de fuego, se agolpan en mi frente
palpitante.

Galicia es el nido de mi infancia, el mundo de mis
amores; por eso cifro en ella todo mi amor y mi dicha. Y cuando veo alejarse los buques abarrotados de emigrantes, cabe-
ceando entre las encrespadas olas como una esperanza que se
esfuma entre la bruma inmensa, suspiro con tristeza, lloro
acaso, pensando en el porvenir que le espera a nuestra idolatra-
da tierra. (José R. de Páramo. Galicia, 24 de febrero de 1907.)

dad. He sido un hombre que ha gozado el libertinaje a sus anchas. Sin ofender y sin pedirle un centavo a nadie. Yo solo me he labrado mi propio destino trabajando como un mulo, la verdad.

Cuando recuerdo mi tierra no siento esa morriña de que hablamos allá, porque han pasado tantos años y lo que me queda es poco ya. Además, volví por unos meses y todavía tengo frescas las cosas. Mi infancia no fue la de un niño muy alegre, qué va. Yo pasé más trabajo que un mulo de carga. Sin embargo, quiero mucho a mi aldea. Aunque hoy día está muy distinta ya. Hay menos hambre que antes, carreteras y periódicos. En mi época de niño estaba más desolada que un cementerio. Ermita sí había, y algunas posadas, pero vida pública muy poca, como no fuera el comadreo y el chisme. Mucho grillo y mucha rana, pero ni fotutos ni luz eléctrica; nada de eso había entonces. Mi madre, la pobre, quedó sorda, y lo único que hacía era persignarse y llorar. Para ella, la aldea se volvió un cementerio desde que mi padre se ahogó en la poza. Abuelo siempre le decía a sus amigotes que ella se había quedado sorda de tanto gritar «¡Manuelillo, Manuelillo, no me dejes!», y es que mi padre se hundió hasta el fondo, y para sacarle hubo que secar la poza y subirlo con un cable que le enlazaron a la cintura. Dicen que parecía un pescado partido por la mitad, y que cuando lo subían mi madre echaba cada grito que toda la comarca se enteró en seguida. Yo tenía unos dos o tres años, así que padre puedo decir que no tuve. Madre, bueno, si aquello se le podía llamar madre, alma de Dios, pegada a la pared en una silla alta de ésas de cedro y llorando. Verdaderamente, ella no me quería para nada. Cuando me cogía de frente me decía: «¡Manuelillo, tu hijo, míralo!»; pero a mí no me quería. Yo me apegué a mis abuelos, los padres de ella, que sí me querían mucho y me llamaban Manuel, como es mi nombre, y no Manuelillo, que era el apodo de mi padre.

Mi abuela era una mujer de trabajo recio: lavaba en las rías con piedras pulidas, cargaba bateas de ropa en la cabeza y fregaba el piso con paños, no con frazadas ni palos de esos de hoy. Era una mula, para mejor decir. Y salía poco, porque para mí que cuando no trabajaba se ponía a rezar por el alma de mi padre y por su hija, la única, y sorda ya.

Mis abuelos tuvieron que criar a mis dos hermanas: Clemencia, la mayor, y Amalia, que murió en el nueve del mal azul. Las uñas, lo recuerdo fresquito, se le pusieron negras como aceitunas, y le dieron fiebres con aullidos. Así se murió ella, a los pocos años de la muerte de mi padre. Yo sé que eso fue una estupidez de mi abuelo. El médico de la familia era él y nadie le podía cambiar la cabeza. A decir verdad, él, sin querer, la dejó morir, así que nos quedamos Clemencia y yo solos.

No fui un muchacho travieso, no. Fui más bien callado y observador. Como tenía que juntar gavillas de centeno y separar la mierda de vaca de los senderos con unas horquillas grandes, qué iba a jugar, si cuando terminaba la faena estaba molido. Luego llegaba uno a la casa y a rezar: «Oración por la mañana y rosario por la tarde», según mi abuela, pero ni el viejo ni yo la obedecíamos. El era ateo sincero, y yo no me quedaba atrás. Un día fui a la iglesia y vi un santo con un perro chiquito al lado, me le quedé mirando y el cura me dijo:

—Rézale, hijo, es San Roque.

Y allí mismo yo le recé para que me sacara de la aldea y me trajera a Cuba. Dígole: «Oye, Roque, yo quiero progresar, sácame de aquí.» Parece que el santo me oyó. Religioso nunca he sido ni seré, porque la religión mejor no es la de los santos: es la de hacer el bien sin mirar a quién, como he hecho yo siempre, de lo que me ufano. La religión es más bien para los buenos pecadores, como la aldea es para las ovejas y los asnos. Digo yo que cada uno debe ir a lo suyo. Hay quien es de santos y misas y le va bien. Yo lo único que he hecho es trabajar mucho y no hacerle mal a nadie. Me quise ir porque piedra movediza no cría moho. Me gustó siempre la aventura y como pasó lo que pasó.

El que nace en aldea busca el horizonte hasta que lo alcanza. Nadie sabe lo que es vivir dentro del barro y la nieve y con el estómago mal acostumbrado. Gracias al vino se ha salvado el español de las heladas. El vino es el verdadero santo patrono de España. Si estás triste, te alegra, y si estás alegre, te pone un poco triste; él es así. Si tuviera que decir qué es lo que más extraño de mi tierra diría que el vino en botas y el pan de trigo. Lo demás se encuentra aquí. Mi abuelo sabía hacer vino bueno; era un catador de raza.

—El vino no se zarandea ni se puede poner al lado del mar porque se agria, coge sabor de suela podrida.

El abuelo era experto bebedor. Se mataba el hambre con eso, como tantos. Y cuando estaba caliente se ponía a contar con una gracia muy de él, o si no llamaba a algún amigo que también padecía de esa afición. Tenía uno que era bruñidor de botas. Había querido bajar al sur para sepa usted si ser torero o qué. Pero por cobarde, por pusilánime, no hizo nada y se quedó allí a contar de lo que hubiese sido y tal. A él lo mismo le daba ser torero que boxeador. El lío era ganar pesetas y fama. Todo era el ring, la corrida de toros o el fútbol; total que nada: el hombre se frustró y lo único que hacía era contar mentiras o asustar a los nietos con historias de horror. Te sentabas en la silla y mientras él te bruñía contaba todo eso, y el sudor, de la emoción, le corría por las patillas. Se empeñaba en sacar de quicio a la gente, en ponerle a uno los pelos de punta. Mi abuela no dejaba que él se me acercara. Pero yo me ponía detrás de la silla y, como era un niño, no me veía, así que le escuchaba todo aquello del lobadillo que le chupaba la sangre a las doncellas, el tigre que había entrado a la aldea y se había llevado a una niña entre los colmillos, y sobre todo el cuento de que la luna se ponía tan fría que un día todos allí nos íbamos a quedar como la estatua de San Antonio de la plaza de Pontevedra, que dicen que está tiesa con la cara de San Antonio hacia el cielo y los ojos abiertos de terror.

Como había tanto frío siempre y la escarcha a veces parecía que era de trozos de la misma luna, yo me metía en la fonda, cerca de la estufa, y allí era donde único se me quitaba el miedo a congelarme. Ferreiro siempre iba solo a donde quiera. Mi abuelo era de los pocos que le soportaba toda la monserga aquella. Luego decía que estaba loco y que era un inventor de asuntos de maldad. Pero ni así a mí me podía tranquilizar. Bueno, cuando a uno le cuentan eso de la luna a la edad de siete u ocho años no se le puede olvidar nunca. Yo miro a la luna a veces, cuando me siento aquí, en el parque, y me río del susto que me queda todavía de los cuentos del Ferreiro aquel. A cualquiera le pasaría lo mismo, porque, con todo y el viaje del hombre a ella, la luna es algo extraño por la forma que va tomando según los días y los meses. En días claros se le ve completica. Y en días nublados aparece a ratos, en forma de uña o de hoz. Ella siempre tiene su manera de presentarse. La luna es dañina para los que padecemos del pecho, enfría mucho y da una flema que no se quita. Hay gente que ha muerto por la luna en el pecho o en la cabeza. Ferreiro le decía a los muchachos que la luna les iba a caer encima cualquier día y que ése sería el verdadero fin de la tierra, el cataclismo. Para mí que ese hombre era como un diablo de tridente y capote. Yo siempre me acuerdo de él.

Los amigos de mi abuelo todos eran raros. Les gustaba tomar vino y contarse historias entre sí. Casi todas cuentos de caminos, o de la Santa Campaña, o mentiras. Yo creo que jugaban a ver quién metía la mentira más grande. Un día mi abuelo se puso a hablar de Cuba y dijo que un plátano de aquí tenía dentro otros plátanos y que un mango podía ser del tamaño de una calabaza y que daba más azúcar que la caña misma. Todo eso se hablaba entre ellos por las historias que oían de los quintos que habían regresado de la Guerra de Independencia todos desguasados. Esos quintos se pusieron a inventar historias de valentías de ellos, y había que ver lo que decían, porque yo era un niño apenas, y ni así me las podía creer. Un quinto iba y le decía a un viejo que él había matado a diez cubanos de un bayonetazo y que los machetes eran ruido de ráfagas nada más, cuando venían con tajazos por todos los brazos y piernas. Los quintos eran tiernos y fueron a esa guerra de carne de cañón, así que lo que ellos contaban no tenía mucho mérito que digamos. Pero mi abuelo, que era más cuentero que ellos, les buscaba la boca y luego exageraba hasta por los codos. El siempre quiso venir a Cuba, pero no tuvo valor, estaba demasiado viejo. El sueño de él era mandar a mis padres. El abuelo mío contaba, sí, y contaba bien. Era alto y fuerte; tenía un verdugón en la muñeca de una disputa de mujeres. Y una voz tronante que se oía por encima de todo el mundo. Esas voces que tienes que oír porque hablan con mucha fuerza. Yo recuerdo casi todos sus cuentos, que eran lecciones, porque él reunía a todos los muchachos al lado del aljibe y se ponía a hacer historias bonitas y morales. Defendía mucho a los pobres. Decía que los pobres siempre tenían la razón de todo en la vida, porque los ricos actuaban con el interés y los pobres con el corazón. Como allí todo era muy pobre, aquellas historias servían de ejemplo. Nosotros pasábamos mucha miseria con frío, que es la peor.

Aun así, mi abuelo prefería el hambre que la vergüenza. Luego hacía el cuento del buen zapatero que vivía feliz con su mujer y sus hijos, que se levantaba al amanecer y cantaba martillando las suelas. Era muy pobre, muy pobre, pero a él no le importaba y pasaba la vida contento. En frente de su casa vivía un señor muy rico, muy engalanado, que siempre estaba descontento. Y entonces la mujer rica le decía al marido rico:

—Mira, Julián, qué felices son ellos en esa choza, sin nada, y nosotros, con tanto dinero, sin hijos, sin alegría. Contimás, la mujer va a parir otra vez. ¿Por qué no le pedimos el niño y le damos algo para que vivan mejor?

Pasaron los meses, la mujer dio a luz y ellos sacaron al niño de pila y le llevaron regalos y vestidos ricos y todo el mundo se puso loco de alegría.

Eran felices con el niño de su parte, y los pobres dejaron de ser pobres y se pusieron a vivir con lujo y dinero. Vivían en una casa muy grande, con fuentes y jardines y mucho para botar, pero por las noches ni el buen zapatero ni la mujer podían dormir tranquilos pensando en los ladrones del pueblo, que en cualquier momento vendrían a robarlo todo, los muy sinvergüenzas. La madre misma se pasaba las noches diciéndoles a los hijos:

—Cuidado con cerrar bien las puertas.

Y así estaban siempre, y no cantaban, y no reían y no estaban contentos ya más. Entonces la madre le dijo al marido:

—Mira, Pedro, ya nosotros no somos felices. ¿De qué nos sirve tener tanto dinero si estamos siempre asustados? Ve y llévale todo esto al compadre Julián y dile que nosotros vamos a volver a nuestra choza y más nada.

Y así mismo fue. El buen hombre le llevó todo al rico. Y le pidió al niño suyo, porque era de él y de su mujer. Y el niño se regó por el fango y empezó a quitarse los zapatos y las ropas. Desnudo iba por toda la aldea y muy feliz. Y la mujer y el marido barrían y martillaban muy felices también. Y las hijas lavaban y planchaban. ¡Como antes! La mujer del rico, viendo aquello, le dijo a su marido muy disgustada:

—Mira a esos brutos, Julián, canta que te canta todo el día y a lo mejor se están muriendo de hambre. Así son los pobres.

Yo me sé muchos cuentos de mi abuelo. La memoria, digo yo, es traicionera. Mientras más para atrás se la lleva, más clara se pone. Pero de hoy, vamos, de unos veinte años para acá, voy recordando muy poco, casi nada. Yo digo que se me forma un nido de alacranes en la cabeza y no hay manera de que recuerde. Me preguntan y me quedo en blanco, como si no hubiera sido yo el que soy. Eso pasa por los años. Los tejidos se ponen como las pelotas viejas y más nunca vuelven a su lugar.

Lo más precioso que hay es la juventud, tener todas las facultades despiertas y el ánimo vivo. Pero iba a seguir hablando de mi abuelo Gaspar. Para él, Cuba era una selva con loros parlanchines y palmas llenas de cocuyos. Cuba la soñaban todos. Principalmente aquellos que no habían tenido la suerte de viajar a ella.

Yo me crié oyendo hablar de Cuba. Me decía para mí: «No me muero sin conocerla.» Y no me morí. La idea de Cuba era como ir al paraíso. En Cuba había dinero hasta en los racimos de uvas, eso decían allá. Luego me di cuenta de que aquí casi no conocían la uva. Pero era un decir de allá por el hambre que pasábamos y las ganas que teníamos todos de salir de la guerra de Marruecos y de la pobreza. La pobreza es la peor calamidad que hay. Un pobre hace cualquier cosa, hasta deja su tierra aunque la lleve siempre adentro. Ningún gallego, que sepa yo, ha olvidado Galicia, aunque no la haya vuelto a ver más nunca. Ningún gallego ha olvidado su lengua completamente. Yo, que vine a los dieciséis años, como ya dije, puedo hablar en gallego como el primer día que llegué al puerto. La lengua está pegada al cerebro desde que la oye uno de los abuelos y los padres. La mayoría de las veces, cuando yo hablo para adentro me digo las cosas en gallego: las siento más. Sobre todo si tengo que pensar mal de alguien o cagarme en su madre. El gallego que ha olvidado su lengua es un mal agradecido y un traidor. Yo tengo en mis oídos todavía las historias de mi abuelo en puro gallego, con cantos y todo[2]. Así las conservo en mi memoria. La lengua nuestra es más vieja que el Imperio

---

[2] ¡Cuánta poesía en las canciones gallegas! ¡Ah, pobre pluma, que no acierta a expresar todo lo que siente un alma gallega cuando se agitan sus alas al pasar por ella el nervioso rumor de muñeira y alalás!

Cantad mares y selvas, cantad pájaros, cantad almas enamoradas, cantad poetas. No cantéis siempre la melancolía de aspiraciones no satisfechas; cantad también la alegría de la vida, el sol que inunda de luz los espacios, el amor que embellece la existencia, el cielo, el cielo que guarda tantos misterios. (Isidro Bugellad. Galicia, 1 de diciembre de 1917.)

romano. Por eso se pega tanto. Dicen que lo primero que dijo el hombre cuando apareció en la tierra fue una maldición en gallego. El mismo Rodrigo de Triana, cuando avistó las palmas de Cuba, gritó:

—¡Terra, coño!

La aldea era triste toda. Yo no voy a mentir. Lo más entretenido eran los cuentos. Como no había cine ni radio ni nada, había que hablar. Y al gallego le gusta contar historias, a veces exageradas, como es su imaginación, pero son historias que se oyen para uno no quedarse toda la noche mirando a la pared. Mi aldea pertenecía a la provincia de Pontevedra. Se llamaba Arnosa, era muy húmeda, siempre estaba lloviendo, una lluvia fina. No tenía mucho, como no fuera unos manantiales muy bonitos de aguas medicinales. Era una aldea corriente, como todas las de Galicia. Me hago ideas que las habrá mayores, más pobladas quizá, pero la vida era igual: de la misa al campo de labranza y a tirar voladores si inventaban una verbena al año en fecha de San Juan o de San Roque, o si no por las romerías, que sí abundaban por todas partes. Las romerías alegraban mucho a las gentes y servían para hacer dinero, sobre todo a los vendedores de rosquillas y buñuelos. Los que comerciaban con escapularios y medallas se llenaban las faltriqueras y hacían su agosto también. Digo yo que la vida es un fandango. Hasta las romerían eran un negocio con religión. Lo que uno iba y se divertía. Pero, pensándolo bien, todo era invento de los curas para pedir limosnas. Entre los mendigos, los buhoneros y los curas, las romerías eran un saqueo. Los que no tenían ni una peseta, como yo, iban sólo a contemplar, claro. Yo he sido siempre muy curioso y he tenido los oídos abiertos a todo. La gente iba a las romerías a enterarse un poco de los últimos acontecimientos y a buscar pareja. Así conocí yo a la primera novia que tuve, que era hija de un tal Francisco Fanego, muy pobre él, pero muy decente, aunque un poco borracho. Le llamaban el panzudo, porque era gordo y vaciaba los pellejos de vino de Valdeorras en un santiamén. Por fijarme en él cuando competía con los otros hombres para ver quién tragaba más vino, me encontré de frente con su hija. Casimira tendría un año menos que yo, pero era una mujer hecha y derecha. Lo que muy consentida por el padre, muy ñoña. Así todo, cuando la vi me enamoré completo. La seguía por todas partes; hasta a la ermita me iba yo con tal de tenerla un poco cerca. Me gustó de arriba a abajo. A los dieciséis años uno se pega unas cogidas muy serias que luego en la vida no se repiten. Bueno, ni falta hace el vino para perder la cabeza. Con verla ya yo estaba como ido. Mi abuelo se daba cuenta y me decía que yo perdía mi tiempo porque dos guardias civiles que andaban siempre juntos, como los bueyes, no le quitaban la vista de encima. Pero enamorado uno no hay tromba que lo detenga. Y yo, que soy terco, seguí en lo mío hasta que la convencí de tanto perseguirla. Le tiraba papelitos, le llevaba flores, la reblandecí toda. Más o menos, nos hicimos novios, si se le puede llamar novios a dos que se veían tan poco. Nos gustábamos bastante y hacíamos tretas para vernos entre los bosques, por los caseríos de la aldea; la inventábamos, como es usual entre novios jóvenes. Eso nos calentaba más la sangre. Y como aquello era tan aburrido, nos distraíamos contándonos boberías y exageraciones.

Ella había oído la historia de su vaca Pánfila, otra niña mimada para el padre, una vaca regorda y muy mansa. ¡Pero qué vaca! Resulta que no quería dar leche. Tenía las ubres secas, secas. Nadie sabía por qué. Hasta que Casimira se puso a vigilarla. La vaca se metía en un pedral cerca de la casa y allí se pasaba las horas. Mi novia se escondía detrás de las matas y le ponía el ojo, hasta un día en que vio que algo se movía debajo de aquellas piedras, y era un majá, como dicen aquí. La culebra empieza a subir y subir y hasta la vaca se empina también y pone las mismas tetas en la boca de la culebra. Ella se va enroscando y enroscando hasta que le aprisiona las tetas, que empiezan a darle la leche. Porque la leche no la guardaba para el ternero ni se le había agriado tampoco.

Casimira fue y le contó al padre lo que vio, donde éste la haló de un retorcijón y le dijo:

—Casimira, tú no me vas a nacer embustera.

Y ella se puso a llorar de sentimiento. El padre, al verla así, se fue al pedral al día siguiente y comprobó con sus propios ojos. Parece que aquella vaca sentía placer al darle su leche al majá. Luego los comentarios del vulgo eran de que el majá se enroscaba suavecito y que le daba gusto a la vaca. Yo sé que el padre la mató con un palo dándole en la cabeza, hasta que la vaca cayó de patas sobre el pedral

En esos cuentos nos ocupábamos Casimira y yo, hasta el día en que pasó lo que pasó.

Yo tenía en mi mente irme a Cuba. Aquello me daba vueltas en la cabeza. A ella se lo oculté hasta el último momento. Allí nadie progresaba, nadie salía adelante. Todos los días eran iguales: juntar gavillas de centeno, arar la tierra, recoger patatas, ordeñar la vaca ajena, porque una no teníamos ni para nosotros, y los duros no se veían ni en sueños. No sé ni cómo aprendí a leer con Carmen, la canastera. Dice un refrán que la letra con sangre entra. A mí me costó trabajo. La sangre sí salía, porque la Carmen era una sanguinaria de esas de regla de madera con borde de cobre, pero la letra, ni modo, no entraba. El tiempo no me alcanzaba para atender a la novia. Ahora, cuando nos veíamos, aprovechábamos bien la jornada. Por eso pasó lo que pasó. Yo digo que tenía que pasar, porque ya yo era un hombre casi y ella lo mismo una mujer, con más cuerpo que yo todavía. Nos fuimos a la ría una tarde, la única escapada que nos dimos desde que nos conocíamos. Ella no era debilucha ni nerviosa. Por el contrario, tenía un coraje que no era muy de aldeana. De ahí que yo digo que la culpa, si hubo culpa, no fue mía del todo.

—Vamos, Manuel —me dijo cuando nos vimos de frente en la puerta del convento de la Madre Pilar.

Ya ella lo tenía todo en mente, pienso yo.

—Ocúpate, Manuel.

Echamos a correr por un sendero hasta que llegamos a un lugar llamado El Romero, que estaba solitario y que no se oían ni los mugidos de las vacas. Allá arriba nos cogimos bien cogidos; nos apretamos como salvajes y luego bajamos por el fondo hasta llegar a la ría. Yo ya tenía el fuego metido en la cabeza. Ella, más serena, pero con los ojos saltándoles de la cara. Parecíamos dos llamas vivas. Ahí empezó todo. Casimira tenía las mejillas rojas y las palmas de las manos igual. Nos cogimos otra vez, aunque ya éramos dos animalucos regados por la hierba, retozando y sudando. Ella se quitó un pañuelo azul que llevaba en el pelo y me lo dio.

—Le digo a mis padres que se me quedó. Guárdalo tú de recuerdo.

Como no teía nada que darle, se fue con las manos vacías. Apenas sé lo que hice, pero hubo de todo. Esa fue la primera mujer que me cogí. Días estuve sin salir de la casa, con calenturas, solo como un ermitaño, pensando nada más en lo que había pasado y en ella. Mi cabeza era un torbellino. La abuela se dio cuenta y me decía:

—Manuel, ¿qué has hecho, hijo? No estás en paz contigo; dímelo todo.

—Nada, abuela, usted no sabe que me canso de pastar, que llego molido.

—Pero si es que casi te pegas contra la pared. Sal de eso, Manuel. Tú andas en algo. Ve a ver al cura, hijo.

Los abuelos adivinan las cosas de los nietos. Ellos se dieron cuenta de que yo me había enamorado como un animal. Casimira me mandaba algunos recados porque no nos podíamos encontrar. Los padres notaron algo de aquel día; ella nunca me lo dijo, pero algo notaron. Esa fue la razón de que nos dejáramos un poco de ver. Hasta un día en que yo salí decidido a encontrarme con ella. Y me la encontré. Estaba bien seria y como asustada. Ahí fue donde le dije por primera vez:

—Yo te quiero, Casimira. Vamos a hacer un pacto para toda la vida.

Ella no me habló casi. Estaba de ojos para afuera, muy asustada. No quería que nos vieran. Mucha verdad es eso de que pueblo chiquito infierno grande, y como aquello no era ni siquiera un pueblo en propiedad... La aldea no sabía nada de lo nuestro. Habría sospechas, pero nada se sabía a ciencia cierta. De todos modos, yo me piqué con eso del miedo de ella y también me puse a pensar. Pero cuando la vi tan buena moza me sentí raro; la quise agarrar de nuevo, pero ella estaba renuente y muy arisca. No es que yo no le gustara, sino que sentía culpa por lo que hizo en el pedral y luego en la ría, y porque también esas mujeres valentonas son muy poca cosa.

Así y todo, la llamé a un lado. No puedo olvidar ese día, porque luego no la vi más en mi vida. Y como fue mi primera novia... Ya todo estaba hecho: la maleta de madera, el pasaje a punto de comprar... Yo estaba ya en América. Soñaba más con el vapor que con ella misma. Pues le insistí que quería decirle dos palabras y accedió. Primero le di un regalo, una medallita de la Virgen del Carmen que le robé a mi madre.

—Que esto sirva para unirnos.

Ya dije que yo no creía, pero la medalla era de bronce y lucía bonita. Ella la cogió y se la metió entre los pechos. Me dijo:

—Manuel, ¿qué me has hecho?
—Quererte mucho.
—Manuel, ¿qué me vas a decir, a qué vienes?

Y le dije algo que tenía tan preparado, que todavía hoy lo puedo repetir cien veces:

—Casimira, vou pra Habana, donde dicen que se ganan moitos cartos, e en canto teña alguns xuntos, volverei pra casarme contigo.

Ella no me contestó ni pío. Se quedó mirándome fijamente. Yo era un ripio. Le pedí que me hablara, pero ella muda. Si por lo menos me hubiera dicho: «Vuelve, Manuel, yo te espero», a lo mejor hubiera hecho alguna plata y vuelto, pero, qué va, no le pude sacar nada. Y ahí se acaba esta historia.

A los pocos días ya estaba yo envuelto en rumores de que la había desvirgado en contra de su voluntad. Tuve que salir como un bólido de allí. Estaba a expensas de los carabineros, que eran amenazas armadas. Entre la guerra de Marruecos, el maldito servicio militar ese, el hambre de la aldea y la historia de Casimira, se me rebosó la copa y tuve que tomar rumbo fijo. Galicia toda estaba pasando muchos apuros. Los jóvenes iban a Marruecos de carne de cañón. Muchos ni volvían. Ahora a los moros no los mataban, porque aquello era más negocio que tiros; los mismos españoles les vendían armas a Marruecos para matar compatriotas. Los militares tiraban con salvas, no con balas; en fin, ¡un asco!

Ya empezaban a organizarse los viajes con vapores de más monta, vapores alemanes y holandeses [3]. Muy atrás los hacían unos barcos viejos que salían de Cádiz o de Vigo [4], cascos de barcos. Se demoraban como un mes en la travesía.

Pontevedra estaba en una dormidera muy grande; había que buscar mundo pese a todo lo que uno dejaba atrás. Ya lo dice el dicho: «Pontevedra para dormir, Vigo para trabajar.» Pero eso era lo que decía el dicho, porque trabajo no había ni en Vigo; lo único era el campo, bajo el sol o bajo las nieves, un infierno muy grande, muy grande. Y para pisar uvas, pisaba mulatas, como decían allá. El abuelo ni triste ni alegre. Todos los días me cantaba: «Señorito aventurero, ¿cuántas estrellas hay en el cielo?» Era una broma, porque, en el fondo, él me había criado a mí, para bien o para mal, y me iba a extrañar más que nadie.

---

[3] El Boycotero. Los vapores alemanes toman en los puertos de nuestra sufrida y vejada Galicia la mayor suma de pasajeros no sólo para América del Sur, sino también para esta isla; y en vista del mal trato que los vapores alemanes dan a los emigrantes, debemos unirnos todos los hombres de sentimientos altruistas y humanitarios, formando la solidaridad latina y española, a fin de que ningún pasajero embarque en las compañías de navegación alemanas. (Anónimo. Galicia, 17 de mayo de 1907.)

[4] El puerto de Vigo fue el de mayor importancia en cuanto a volúmenes de embarque. La Coruña ocupó durante las primeras décadas del siglo el tercer lugar luego de Barcelona, la otra gran vía de salida de los emigrantes españoles.

—Cuando te vayas, me emborracho en tu honor —me decía.

A lo mejor se emborrachó. Vino no le faltaba. Pero tiene que haber llorado su algo con la abuela. Porque yo, que iba disparado por aquellos montes, con mis bultos y todo, lloré mucho, lo confieso como hombre que soy. Lloré sobre todo porque mi madre no se dio cuenta de nada. ¡Sabe Dios qué creía ella que iba a hacer yo con aquella maleta! Pero una idea fija cambia el destino de un hombre. Esa es una verdad que no se pone en discusión.

LA TRAVESIA

> O mar castiga bravamente
> as penas.
>
> ROSALÍA DE CASTRO

II

Esa noche no pegué los ojos. Pestañeaba como un condenado. La certeza de que en la mañana me iba me puso así. El abuelo andaba muy cosquilloso por la casa; tampoco durmió. Mi hermana Clemencia lo mismo, sólo que llorando bajito, en sollozos, y disimulando para que yo no me diera cuenta. Parecía que alguien se iba a morir, y era yo, que me iba por quién sabe qué tiempo. Mi hermana se había levantado muy temprano y me había preparado una cesta con pan y manzanas. La puso sobre una mesa de palo que teníamos.

—No pienses, hermano, que vas a ganar fortuna.

Y ahí fue donde me dijo, en mi lengua, unas palabras que eran de la abuela y que dicen que:

—Quen saleu ben de marzo ben salirá de mayo.

Porque yo me fui de mi casa el tres de marzo de mil novecientos dieciséis, con un frío seco que traqueteaba los huesos. Antes de irme miré bien mi casa. Quería llevarme el recuerdo clarito de todo. Mi casa no era grande ni linda, ni nada por el estilo, pero era mi casa, donde nací yo el tres de marzo de mil novecientos; por eso esa fecha no se me puede olvidar. Allí me bautizaron. La iglesia quedaba muy lejos de la aldea, y como el sacristán era amigo de mi abuelo, cogió el camino y me hizo la cruz con el nombre de Manuel José de la Asunción y Ruiz.

A mí me persigue el frío, porque dicen que ese día cayó granizo sobre el techo de la casa. Yo pienso mucho en mi casa como era, no como está ahora. Acaso se conserve más o menos igual, con su escalera de piedra, el patín donde arrojábamos el maíz a las gallinas, el parral, ¡qué parral!, y que daba a la ventana de mi cuarto. Son cosas remotas que sí dan morriña cuando vienen a la mente. Hoy mismo ya no hay ruecas de aquellas de hilar el lino como la de mi abuela. Todo eso lo piensa mucho el gallego. Pero al fin y al cabo tenía que echar un pie, y con más razón en el caso mío. Aunque aquello fue una estampida muy seria; éramos miles los que huíamos.

Cogí las manzanas, el pan, una botella de vino y eché a andar hasta la estación de trenes. Llegué con los pies cuarteados completamente por las alpargatas. La estación estaba a varias leguas de mi casa y era un cobertizo pestilente, la verdad. Parecía un colmenar de lo atiborrado que estaba de gente. Madres y padres despidiendo a los hijos mozos; novias llorando, hermanas de Magdalenas, en fin, un verdadero ir y venir.

A mí nadie me acompañó, porque como yo estaba huido, quién se iba a comprometer. Además, nunca he sido amigo de las despedidas. Luego uno no tiene idea de cuándo va a ver a los amigos de nuevo. Y en la vida hay que mirar hacia adelante y saldar las tristezas.

Compré más pan de trigo, me tomé un caldo fuerte y me senté allí, en un banco rodeado de canastas de pollos. Tren para Vigo había uno sólo y salía a las cuatro de la tarde. Así que esperé viendo el espectáculo aquel que hacían allí las mujeres con los lloriqueos.

Total, digo yo ahora, aquellas que lloraban tanto se casaron con otros, y ellos no hacían más que pisar el muelle y se ponían a buscar mulaticas nuevas.

Allá habían hecho una campaña de que las mulatas esperaban al emigrante en el puerto y se lo llevaban a tomar ron. Todo eso lo hacían los «ganchos» como engaño. No ha habido nadie más degenerado sobre la tierra que esos ganchos. Timaron a media Galicia con historias fantásticas de América. Eran más negociantes que un árabe. Bueno, algunos eran medio moros, por eso tenían tanta malicia. Eran los verdaderos agentes del negocio de embarque. Les convenía, como es de suponer, traer un cargamento grande. Esa es la razón por la que pintaban tantos monos con Cuba. Decían que el dinero caía de las matas como el maná del cielo. Los ganchos hacían su zafra con el sudor del gallego, claro está. Por eso les convenía traernos en manadas. Recuerdo que pasé mucho en aquel tumulto, entre los pies llagados, el hambre y la espera. Estaba un poco amoscado. Me había quedado solo ya. La aldea estaba lejos. Por primera vez salía yo al río de la multitud. En algunos rincones de la estación vendían bollos, estampillas, rosarios y chocolates. Para comer y rezar como Dios manda. Allí conocí a muchos de mi edad, y hasta más jóvenes, que iban a lo mismo.

Gracias a un tal Benigno, comí chocolates y peras mientras esperaba. Con él seguí en el camino al puerto. Nos sentamos juntos, y Benigno se puso a contar de la novia que había dejado y tal. Yo digo que en boca cerrada no entran moscas. Mucho más cuando uno tiene sobre sus hombros un pecado como el que llevaba yo.

—Oye, hombre, tú eres más cerrado que un candado.

—Soy así, pero me gusta la farra, ¿qué pasa?

—Nada, que éste es un viaje largo y hay que hablar de algo.

—Habla tú, hablantín, que yo te oigo.

Y le oí toda la confesión de su vida. Con más invento que verdad. Benigno tenía algunos duros. Gracias a eso comimos bien durante todo el viaje. El llevaba trabajo seguro en La Habana. Su tío le prometió un puesto de repartidor de carbón. No se imaginaba el tizne que le iba a caer aquí, con los calores. Como era joven, iba feliz de la aventura, como íbamos todos, haciéndonos ideas del porvenir. La madre armó un llanto terrible y le dio medallas de santos y escapularios.

—Te vas a ver libre de esto —le dije.

—Claro, como que ya soy dueño del mundo.

Es que el emigrante, cuando se va de su tierra, se cree que tiene el mundo a sus pies [5]. Y lo que lleva es un destino muy negro la mayoría de las veces.

---

[5] La emigración. Desde antes del amanecer están los emigrantes en la cubierta del vapor. No han podido conciliar el sueño en toda la noche con la ansiedad, con el ardiente deseo de contemplar la tierra prometida. Algunos sufrieron horriblemente durante los largos días de viaje. Desgarrados, tristes, la cabeza adolorida y las bascas del mareo en el estómago, creyeron perecer. Jamás habían visto el mar. El médico del barco protesta. El del país contesta despectivo. Los infelices que todavía están por reconocer se miran con espanto. ¡Qué espantosa sed, que calor horrible! Los pobres emigrantes, llevados y traídos, no pueden sostenerse de cansancio. Todavía les falta desfilar ante los individuos de la inmigración. Al fin, unos consiguen desembarcar y otros son conducidos a Tiscornia, custodiados como delincuentes. El baño de ducha les espera y una asquerosa bazofia de arroz y garbanzos. Y así hacen su entrada los emigrantes en las pródigas tierras, donde unos ganarían la vida y otros ganarían la muerte. (Constantino Piquer. Galicia, 27 de octubre de 1917.)

Benigno y yo éramos más o menos de la misma edad, y hasta nos parecíamos un poco. La diferencia estaba en que él iba con un trabajo seguro y dos cartas de recomendación y yo como vine al mundo. Por eso me pegué a él. No lo dejé hasta que llegamos al puerto de Vigo, donde le cambiamos los nombres a una de las cartas para entenderme yo con el cónsul de Cuba, un tipo un poco revirado. Había que ser pillo con estos cónsules para que no le cogieran dinero a uno. Y aun así, explotaban a la humanidad con el cuento de la visa. Nosotros ya veníamos advertidos de estos señores. Así que no nos pudieron timar.

El consulado era otra colmena. Veía uno de lejos a aquella masa, toda joven, con boinas negras y muchas ganas de comerse la tierra. Daba susto pensar si cabrían en una isla tan pequeña como decían que era Cuba.

Benigno iba al segurete. Yo era el que no tenía nada en claro. Tampoco él me dijo: «puedes venir conmigo»; no señor, cada uno a pulir su piedra. A pesar de que le tuve que aguantar un celemín de cuentos de mujeres que se le daban mansitas, le agradezco siempre lo que comí. Esos son los cuentos de tipos como él, sin cuerpo, enclenques, que tienen que presumir de algo, porque... cogen el barrenillo con «se me dan, me miró, cayó en el jamo», y todas esas sandeces para quien se las crea. Si le hubiera yo contado lo de Casimira, no me hubiera creído ni un tanto así, y quién sabe si se hubiera ido de lengua en el mismo tren.

—¿De qué lugar eres tú?

—Yo soy de San Simón —le contesté.

Ni por una oveja le hubiera dicho la verdad. La Guardia Civil de los trenes es muy pendenciera, y líos tenía bastantes yo con los que había dejado atrás.

El cónsul miró los papeles, leyó las cartas y ¡cataplum!, directo al barco con visa y todo. Benigno sabía mucho. Ya él había estado en Vigo, conocía un puerto de mar, una ciudad grande. Vigo era el tercer puerto de calado del mundo. Para mí todo era nuevo. Hasta el mar me pareció más grande que la tierra de primera impresión. Sería que como era liso y a uno se le perdía la vista... Un barco era nada sobre él. Por eso es que ocurren tantos naufragios. El mar es infinito.

Sacamos el pasaje allí mismo. Como íbamos en cuarta [6], nos costó menos de ochenta duros. No sé cuánto era en pesetas españolas, porque la cuestión del cambio se olvida. Las cuentas son para cabezas muy despejadas. Ahí venían los ganchos y le decían al gallego bobo que le sacaban el pasaje sin impuestos. Lo que hacían era timarlos, porque no había impuestos ni ocho cuartos. Había que si uno se iba en tercera pagaba más, tenía mejor camarote, mejor comida y mejor trato. Pero un gallego emigrante en tercera era un lujo, en segunda era una cosa rara y en primera únicamente los que volvían de América, los indianos. Esos eran de copete. Parecían una quincalla de lo bien que iban vestidos; con oro en las muñecas, leontinas y anillos con piedras preciosas. El indiano, por lo general, se iba en barcos

---

[6] Las condiciones de vida en las terceras y las cuartas de los paquebotes que cruzaban el Atlántico fueron pésimas. En 1920 comenzaron a mejorar algo. Un emigrante de Arca podía llegar a invertir sus pocos ahorros para poder viajar solamente en la segunda. La primera estaba exclusivamente reservada a las personas muy pudientes.

de primera categoría. ¡Qué iban a coger aquellas chalupas llenas de piojos!

Este Benigno tenía ínfulas. La crianza que le habían dado lo había maleado. El no quería pasar trabajos; quería siempre ir delante. «No cojas por ahí, sal de ese molote, vamos a hablar con el capitán, Manuel.» Y aquellos alemanes no creían ni en su madre. Lo miraban a uno con desprecio. Y no hablaban una palabra en gallego.

—Manuel, vamos a conversar con el capitán. Le decimos que venimos a servir y nos dan mejor ración.

—¡Qué capitán ni qué niño muerto, sube la escalerilla y vamos!

Había que estar adentro dos horas antes de que el barco zarpara. Así es que lo tuve que azuzar. Si hablaba con el capitán era peor, porque ellos podían sospechar algo. A lo mejor que éramos delincuentes o que nos queríamos meter en terreno prohibido. Y así fue que subimos al barco, que se llamaba el *Lerland* y era de bandera alemana.

El barco estaba repleto de gente, lo mismo que la estación de trenes. A mi ver, Galicia se estaba vaciando. Benigno insistía que debíamos hacer algo para no caer en cuarta: pelar patatas, limpiar la cocina, baldear las cubiertas. Yo lo único que quería era pegar los ojos. Los trece días que duró la travesía los pasé de ganapán. Iba completamente mareado. Eso le ocurre a los novatos.

Benigno se puso a trabajar de voluntario y no le sirvió de nada. A veces traía algunos fiambres de más, pero de ahí no pasaba. La comida era pésima. Casi siempre daban lentejas o panza con pan. Pero a buen hambre no hay pan duro. El vino era aparte; ése lo compraba uno: vino puro de Ribeiro.

Con el mareo que yo llevaba y el vino, el barco aquel era una fiesta para mí, a pesar de la peste de los dormitorios, los bichos y el ruido de las máquinas. Los dormitorios semejaban verdaderos cuarteles de milicianos. Todo el mundo allí se juntaba a comer el rancho que daban a la una y luego a las ocho. No se me olvida que una señora mayor, que ahora mismo no me acuerdo cómo se llamaba, decía que la comida la hacían con sebo de caballo. A mí me entraban ganas de vomitar, pero el hambre en alta mar aumenta por el aire de cubierta y la salitre. Gracias a Benigno, aumentamos algo la ración con panes de trigo, cebollas asadas y alguna que otra vianda. Las noches eran más entretenidas que los días. Por el día lo único que uno podía hacer era pararse en cubierta a divisar el mar, a ver lo lindo que se pone cuando las olas se levantan sobre la proa. Las gaviotas, los delfines, todo eso que cuentan en los libros de novelas es cierto. Se ven preciosas esas vistas de aves y peces rondando el barco. A veces venían en bandadas, persiguiéndonos. Y cuando caía la tarde se iban yendo con el sol por la franja del horizonte. Ahí caía la nostalgia más grande por la tierra, por los abuelos, por las novias. Pero después de las seis se olvidaba uno de todo. Yo cogía mi poción para el mareo, o si no me introducía el dedo del medio hasta dentro y vomitaba. Si no lo hacía así no podía cantar ni ver a las gentes bailar; estaba como muerto en vida. Porque a mí el barco me anula por completo. Son unos tirones de alante para atrás que meten miedo.

Las charlas bajo la toldilla de popa eran muy divertidas. Cada cual inventaba lo suyo a su manera. Benigno no hacía más que hablar de la novia y del bienestar que tenía la familia. Y a mí me parecía que hacía el ridículo viajando en cuarta, sirviendo de criado y yéndose a La Habana. ¡Gente así sobra en el mundo!

Si uno bajaba un poco por el pasillo de la tercera veía cómo la gente jugaba a la lotería, al monte y a la siete y media. Todo de interés, claro está. O también se oían las músicas de panderetas, gaitas y mandolinas; airinhos, como se dice allá, muñeiras y jotas gallegas. El barco era una verdadera romería ambulante para el que no iba mareado. Muy animado, con luces eléctricas y todo. La tripulación no ponía cortapisas. Aunque ellos no cantaban ni bailaban. A los de primera no se les veía; no había acceso allá arriba. Esos iban vestidos de paño; bueno, no como uno, que iba con aquellas camisas de franela, aquellos pantalones grises de pana y los zuecos. Yo llevaba mis zuecos de madera en la maleta por si acaso. Aunque el zueco es para el clima frío y la lluvia. La madera no deja que entre el agua como en la fibra de la alpargata o en la suela de goma de los zapatos corrientes.

Decía que el día era triste porque no se podía hacer casi nada. Ni pescar. Benigno y yo habíamos comprado unas pitas y unos anzuelos allí en el puerto y pedimos permiso para tirarlos en alta mar. El jefe de cubierta nos dijo que sí, pero que estábamos locos. Como, en efecto, ¿quién podía pescar con aquellas olas y las máquinas esas, que llevaban el barco a trote de mula? Se acercaba uno a la cubierta y si se descuidaba lo envolvía una ola o lo congelaba el frío húmedo de la mañana. Entonces a hacer cuentos, a dormir la siesta o ver de lejos a los jugadores. Un emigrante como yo, que venía desnudo casi, no iba a arriesgar una sola moneda en la lotería esa. Además, no lo oculto, yo no sabía de la misa la media. Si me ponía delante de aquellas cartas me quedaba lelo. Una tarde, la señora esa y yo vemos a Benigno con unos zapatos muy buenos, de cuero puro.

—Oye, tú, ¿de dónde sacaste eso?

—Me lo he ganado con el trabajo.

La señora me miró desconfiando de las palabras de mi amigo. No disfrutó nada. Era bruto a matar, porque había robado unos zapatos y los llevaba puestos. Eso se llama una burrada en cualquier idioma. A las pocas horas lo vino a buscar la policía de a bordo. Le zamparon dos galletas que sonaron en toda la cuarta. Luego cargaron con él. Nada más que se oía: «¡Mis zapatos, degenerado, mis zapatos!» Había que tener agallas para subir a segunda y hurtar unos zapatos. Yo nunca lo pensé de Benigno, ¡nunca! Aunque ahí no termina la historia. A los pocos minutos la señora me dice al oído:

—Hijo, ahí gritan tu nombre.

Yo ya lo había oído, claro está, no soy sordo, y me enfrié de pies a cabeza. El estómago me saltaba como una pelota.

—¿Mi nombre? Yo me llamo Manuel José, y ahí dejeron Manuel solamente.

—Bueno, me parece que es a ti, como eres tan amigo de ése.

Y volvían:

—¡Manuel Ruiz!

—Soy yo, señor, ¿de qué le sirvo?

—Venga conmigo. ¡Ande, ande!

Me entrevistaron, me registraron la maleta, me sacudieron la ropa, el pelo, todo. La humillación más grande de mi vida. Un pobre como era yo, que venía de la cepa de un hombre tan puro como mi abuelo, tenía que sentirse muy derrumbado. Me acordé de San Roque por primera vez, y le pedí. Yo oí cuando Benigno dijo en la oficina de robos: «El es inocente, lo juro, señor, él es inocente.» Después de todo, el pobre Benigno era un ambicioso; se creía un sultán con alpargatas. Ese era todo su trajín.

Cuando me dejaron suelto bajé a mi camarote y la señora me dio chocolates y me pasó la mano. Me moría de la vergüenza. Entre el mareo en el estómago, la cabeza dolorida y el robo, creí que no llegaba a La Habana.

El mismo que me llevó a la oficina de robos se aprovechó de mí al día siguiente. Parece que ellos me vieron algo extraño, y como yo no me separaba de Benigno... El caso es que me pusieron a desenrrollar cordajes y jarcias, y llegué a La Habana con las manos sangrantes y peladas. Todavía me estoy cagando en la madre del truhán aquel. A Benigno lo castigaron duramente, y cuando desembarcamos vi que lo llevaban aparte[7]. Me dieron ganas de gritarle, porque era un hombre en ruinas que llegaba a una tierra desconocida con una mancha muy grande. Más nunca lo vi en toda mi vida, más nunca.

La señora esa empezó a compadecerse de mí. Me daba de su comida, me compraba pasteles a la hora de la merienda... Bueno, yo dormía a piernas sueltas. La señora ya lo que tenía conmigo era demasiado. Hasta una noche en que me le acerqué y la empecé a tocar por arriba y a desabotonarle el abrigo. Ella se dejó y nos hacíamos cosas todas las noches por los pasadizos del vapor, mientras en segunda tocaban con panderetas y se emborrachaban. La seño-

---

[7] Rencillas con los nativos. La inmigración que nos conviene es la europea, pero ésta se aleja más cada día con las trabas que se le ponen para que no desembarque. Se le ponen dificultades al elemento blanco y sano que viene a poblar nuestra isla, y, en cambio, se le abren las puertas, por las costas de Oriente, a esa emigración jamaicana, díscola y mala, que viene a disputarle el trabajo al nativo. (Fernando Berenguer. *La Discusión,* 20 de agosto de 1916.)

ra me prometió villas y castillos cuando llegara al puerto. Su padre era dueño de un negocio de carbón y ella había enviudado de un cubano que tenía una bodega en el mismo centro de la capital. Nos cogíamos todas las noches. Ella era más caliente que un fogón. Pero ya eran carnes fofas, no como Casimira, que tenía una piel lisa, de melocotón.

Una tarde, ya casi cerca de un puerto de Canarias, llega uno y me dice que iban a sacar a los de edad militar y los iban a trasbordar a unos balandros para echarlos a Marruecos. Me lo dijo con ganas de joderme. Yo me asusté mi poco, porque Marruecos era la última carta de la baraja, pero le dije:

—Te equivocas conmigo; tengo nada más que dieciséis años, así que soy menor, y además vengo documentado.

El siguió en su broma, que era muy seria, y que afectaba a los que tenían de veintiuno a veinticuatro año; a mí no. Yo me imagino que el andaluz ese tiene que haberla pasado mal, porque esas bromas en alta mar son muy pesadas, mucho más cuando a cualquiera se le ponía la piel de gallina con sólo oír el nombre de Marruecos. Alguien tiene que haberle dado su merecido. Yo mismo me quedé con ganas. Cuando se lo conté a la señora, me dijo que no le hiciera caso a nadie. Ahí fue que no hablé más con ninguno. Lo único que hacía era ocuparme con ella. Nos dábamos cada apretujones por las noches... Después de todo, digo yo, soy un hombre con suerte: hasta en medio de las tormentas he tenido mi solaz.

El mar por las noches era aterrador. La oscuridad no dejaba ver nada y la gente se ponía en popa a ver si divisaban la costa o algo así. Por mucho que les decían que no llegaban aún, que faltaban tres o cuatro días, ellos, desesperados, querían ver la tierra. Es comprensible, porque el porvenir era una interrogación para todos los que íbamos como emigrantes, y el *Lerland* era un barco lleno de aventureros.

Una mañana me vacunaron los llamados facultativos. Allí pasaban revista todos los días para ver si había polizones o enfermos. Ya al despegar nos tenían examinados a todos, pero esta vacuna fue contra las fiebres tropicales. Entre el mareo, la señora esa con sus remilgos y la fiebre de la vacuna, me pasé el resto del viaje medio dormido. Cuando dijeron que se avistaba la tierra de Cuba me pareció que era mentira, que estaba soñando. Casi no tenía fuerzas para levantarme del camastro. Lo primero que vi fue el rostro de la señora, y muy de cerca. Tendría unos sesenta años. La fiebre me hacía sudar a mares. Sobre todo porque la camisa de franela era muy gruesa. La señora me cayó arriba como una pejiguera, hasta que yo le dije que me dejara solo. No sé si se encolerizó conmigo o no. El asunto es que no la vi más en todo el día. Me tomé unas pastillas para la fiebre, un poco de leche de vaca y me fui a la cubierta a ver cómo se veía La Habana desde el vapor. La cubierta era una olla de grillos. Todos querían baranda para ver la entrada del puerto, con la farola del Morro, que me pareció un vergajo de semental, y los edificios del Malecón y las arboledas.

Cuando mejor estábamos, casi al llegar, se armó una calamidad tremenda. Nadie se la esperaba. El mar, que había estado tranquilo como un plato, se empezó a picar. Comenzó todo con olas pequeñitas alrededor de las cubiertas, luego una brisa fresca y mucho ruido de truenos. La claridad que quedaba del día se volvió una oscuridad total. El mar se puso negro. Y las olas cubrían completamente la vista de los pasajeros. Fue repentino el temporal. Un viento muy fuerte empezó a bambolear el barco; las mujeres se pusieron a gritar por la histeria, y la tripulación dio órdenes de que abandonaran la cubierta inmediatamente. Casi todo el mundo bajó a los camarotes y a los pasadizos. Quedamos apiñados ahí los más jóvenes y curiosos, como yo. Jamás había visto semejante fenómeno. Para mí era divertido y a la vez sentía terror. La borrasca aquella era una manga de viento aciclonada, de esas típicas de los mares del trópico. Vino a ocurrir cuando ya se veían las sombras de los edificios. Era como si la llegada de uno anunciara una tormenta. El barco daba la impresión de que se hundía del lado de sotavento.

Pero un barco como el *Lerland* no se hundía fácilmente. En medio de las ráfagas de lluvia vimos los primeros indicios de la ciudad. Había más árboles que en Vigo y más movimiento de carruajes y automóviles. La lluvia cesó y salió el sol de nuevo, pero ya muy rojo y semioculto. Llegamos como a las seis y media de la tarde. Atracamos en uno de los muelles más grande de la bahía, el de la Machina, con el susto del huracán todavía en el corazón. Yo llegué empapado; la resaca de las fiebres no se me había quitado, pero no me perdí un tilín de la ciudad. La gente gritaba: «¡Viva La Habana! ¡Viva Cuba!» Yo mismo grité bastante.

Las llegadas debían ser siempre motivo de alegrías. Para tristes están ya las despedidas. Pero esta llegada mía fue peor que cualquier despedida. Primero porque llovía a cántaros y se había hecho la noche. A mí nunca me ha gustado la lluvia, y la noche es para fiestar, no para que le pase a uno lo que me pasó a mí ese día. Resulta que yo me estoy fijando en un tipo un poco peludo y desgreñado que se arrima a la cola para salir. Parecía un carnero sin trasquilar. Me miraba también con cierta curiosidad; por fin, me dijo algo en señas que yo no entendí. Me hice el de la vista gorda, porque yo tengo mala pata y me dije: «Mira a ver si éste no te estropea la llegada.» Pero me dio pena verlo así, tan desacreditado, tan andrajoso, y como no lo entendía por señas, voy y le pregunto:

—¿Qué te pasa?

—Que me han timado. Y necesito tu ayuda.

Tuve que hacer de tripas corazón para negarme a brondarle dinero. Yo mismo andaba muy flojo de plata. Cuando se lo dije, me contestó:

—No es dinero, no. Es algo más importante. Me han tomado el pelo.

A todas éstas, la cola avanzaba y los inspectores iban revisando los documentos bajo el aguacero del muelle, que era ya torrencial. La gente abajo gritaba los nombres de los recién llegados: amigos, familiares, socios. Pero a mí qué me iba a importar, si nadie me esperaba. Por eso le puse oídos a la historia del muchacho, un muchacho dos o tres años mayor que yo.

—Me llamo José Gundín —todo esto en gallego puro, claro está.

—Lo que me ha pasado es que me han timado.

En el muelle los inspectores pregonaban: «¡Fulano de tal, mengano de tal, zutanejo!», y la fila andando escaleras abajo. Pero es que la historia de Gundín era tan dramática que yo me la bebí toda, embobecido.

Pasó que cuando fue a salir de Vigo se le acercó un bribón de apellido Brea, un tal Pepe Brea, y le prometió que el pasaje le iba a costar mucho menos que a los demás. El Brea era uno de esos ganchos, por supuesto. Lo que le costó fue mucho dolor de cabeza, eso sí. Al infeliz le dieron una tupida...

—Dame sesenta pesos plata, y abur.

Pero en vez de entrar por donde los demás, lo subieron por una escalera de sogas como un bulto, a las once de la noche. Todo en contubernio con el sereno del barco, que estaba de centinela en proa a esa hora. Deben de haberle dado al sereno su racha también, porque a una otra. El asunto es que cayó allí de polizón. Pagando y de polizón; eso sí era el colmo. El dinero no lo vio la agencia, no lo vio nadie. Nada más que el Brea y el sereno, que tenían ese negocio muy bien montado. Gundín entró al barco sin documento ninguno, ni pasaporte, ni visa, ni nada. Lo único que traía para su beneficio era lo que me faltaba a mí: una buena carta de recomendación para una familia en el Vedado. Los días de viaje los pasó escondido de la tripulación. El sereno lo metió en un cuarto lleno de cebollas y lo tapó completito. Al día siguiente le trajo agua del tiempo y callos. Y un orinal para hacer sus necesidades. Le creció el pelo de la barba y se puso flaco como la merluza. ¡Quién podía vivir de callos y agua! Yo, en toda la travesía, no lo vi nunca hasta el momento de la salida, en que me dijo:

—Como compatriota te lo pido. Nada más que tienes que decir que tú viste cuando uno me robó el pasaporte y los documentos.

Como me lo pidió tan desesperado, accedí. Después de todo, era una víctima más de los ganchos, y buena persona.

El sereno le había dicho que no tenía problema alguno si decía que él había ido a visitar el barco, para lo que tenía que pararse en la escalerilla como si estuviera asombrado de ver uno tan grande como el

Lerland. Pero el gallego era infeliz, aunque no tan bruto. ¿Qué capitán le iba a creer eso si venía colorado y peludo, como buen nativo que era de Galicia? Ahí fue donde se le ocurrió llamarme y pedirme lo que me pidió. Le dije:

—Anda conmigo y veremos.

En efecto, cuando el capitán lo vio le dijo:

—Te metiste en la pata de los caballos, ¿eh?

Y a mí me preguntó que qué pintaba yo. Le dije lo que había acordado con Gundín, y me contestó:

—Así que tú también con el mismo cuento.

Pero luego, cuando vio mis papeles en regla, no hacía más que decir: «Conque un humanitario a bordo, ¿eh?»

Nos llevaron a los dos detenidos. A él por polizón y a mí por encubridor. El iba esposado, pero yo no; a mí me llevaron del brazo nada más. El inspector que nos sacó de allí no hacía más que decir: «Ahora van de vuelta a la patria, condenados.» A mí se me erizaban los pelos. Pensar que tenía que llegar metido en causa de justicia a La Habana, sin comerlo ni beberlo. «¡Que no se enteren mis abuelos!», me decía yo en todo el trayecto.

Nos metieron en una chalupa y fuimos a parar a Tiscornia [8]. Una botella de anís escarchado que Gundín traía para la familia esa del Vedado se la tomó el muy cabrón del inspector en el cruce de la bahía

---

[8] Tiscornia fue un campo de reubicación carente de recursos y facilidades. Ahí se enviaba a los viajeros procedentes de todas partes del mundo. Particularmente cruel y abusivo fue el trato que siempre se le dio allí a los emigrantes españoles, asiáticos y judíos. Tiscornia fue un antro de delincuencia y corrupción. Sus administradores hicieron fortunas con el negocio de los permisos de entrada al país. Tiscornia es parte de la leyenda negra de la inmigración a Cuba.

de La Habana. Y a mí me abrió la maleta, pero como no traía nada de comer, me dejó por incorregible.

La chalupa estaba descubierta, llovía menos, pero de todos modos la fiebre me aumentó. La fiebre y el dolor de cabeza, porque, para colmo, el mareo y lo demás, me tenían sin dar de cuerpo. Por fin, llegamos a un camino y subimos una loma a pie. Ahí estaba la Tiscornia.

—¡Pa su madre, esto es una cárcel! —decía José.

—¿Y dónde tú creías que ibas? ¿A la romería, acaso?

A empujones nos metieron en aquel lugar, que para el que iba a pasear o buscar parientes era bonito, con parques, arboledas, bancos recién pintados, flores y jardines. Pero para uno era un infierno. Enseguida nos metieron en una bartolina a los dos juntos. Oscura como una boca de lobo y con una sola colombina. Así dormimos esa noche, si a eso se le llama dormir. Como a las seis, con la primera lucecita que entró por el hueco de la pared, nos llamaron a Gundín y a mí. Un señor de bigotes, cubano él, nos tiró una toalla como si fuéramos uno, y nos dijo que nos ducháramos debajo de un chorro de agua que no era ducha ni un carajo. El agua la sentí como si fuera candela, porque las gotas me picaban en la piel por las fiebres y el malestar que llevaba. A José lo pelaron y lo afeitaron. ¡Cómo andaban las chinches ahí!

Acostumbrado a mi casa, aquello me supo a rayos. Chinches, pulgas, cucarachas, de todo en aquel calabozo. Creo que ahí estuvimos encerrados como tres días, hasta que vino un oficial y me pidió que saliera. Le hice la historia verdadera. Y me llevó a un pabellón donde había de todo: chinos, españoles, polacos,

¡qué se yo! Aquello era como un hervidero de lenguas. A las mujeres las mantenían aparte para evitar los contagios y las relaciones sexuales. Había más hombres enfermos que mujeres. Yo me curé con quinina y jarabe de guareana. Ya a los pocos días andaba por los jardines caminando y hablando con todo el mundo. Yo digo que el garbanzo con arroz será bazofia, pero fue lo que me paró a mí. Era lo que daban allí con más frecuencia. Aunque a veces ponían caldo de res y boniato, que, dicho sea de paso, nunca me ha entrado por los ojos.

Paseando por Tiscornia fue que me di cuenta de que estaba toda alambrada. Era como una cárcel para el inmigrante que no traía documentación o que venía enfermo. Ahí pasaban la cuarentena; a veces un día o unas horas, según el dinero o la influencia que trajeran, y las más treinta días, como fue el caso mío y de José. Tiscornia estaba llena de policías. Ellos acostaban a la gente a las ocho de la noche con unos silbidos fijos. Luego sonaba el cañonazo de las nueve y cada uno en su colombina, a matar chinches y cucarachas. Todavía me encuentro yo con gentes que me dicen que Tiscornia era un paseo. Para mí fue una pesadilla.

Los médicos le miraban a uno la lengua y más nada. Si había plata, a la calle. Si no, a esperar a la buena de Dios. Todo era negocio. Al salir de allí me enteré que un tal Carlos Cabrera se había hecho rico dándoles certificados de salud a los chinos para que entraran al país por unos pesos. Podían tener los pulmones pasados, pero si soltaban dinero, a la calle. Así era el negocio de Tiscornia. Lo que vi yo allí fue para hacer historia de traquimañas. Vivían muy bien los empleados, en buenas casas de madera y con buena comida, pero el inmigrante tenía que pasar muchos apuros. Por hacer las necesidades en aquel calabozo, que las tenía que hacer a ras de tierra, me penetró un parásito llamado el *Nertore americano*. Se me alojó en el hígado y me puso a caminar con la punta de los pies. Casi me muero a los pocos meses de salir de allí por el puñetero parásito ese.

Creía yo que no salía más nunca. Todos los días se iban gentes para la capital. Venían sus familiares o sus amigos y se los llevaban. Pero ni a mí ni a Gundín nos decían nada. A él menos. Ya no lo tenían en la bartolina, pero para el caso era igual, porque lo iban a mandar a Vigo de vuelta.

Una tarde estábamos sentados en los bancos aquellos verdecitos, soleándonos, y llega un carro grande marca *Chandler* y se parquea frente a la puerta sur. Yo veo que José corre para allá como una liebre. Se pone a hablar con el chófer, que tenía facha de persona decente. Al poco me hace una seña. Voy, y me dice:

—Te presento a este amigo, que se llama Benito.

Me dio la mano por entre las alambradas. Y nos dijo que estuviéramos tranquilos, que él era íntimo de Constantino Veloz.

—¿Y quién es ése? —le pregunto a Gundín.

—Ese es el hombre que nos va a sacar de aquí; es chófer de la señora de Conill, y Benito lo conoce muy bien. ¡Nos sacamos la lotería, Manuel!

Pensé que era otro cuento de José. Pero no, a los dos o tres días llegó Constantino en un coche grande, de aquéllos de techo de lona. José le dijo:

—Ya ves lo que me pasó, ni éste pudo hacer nada. Pagué los sesenta pesos que me prestó tu madre y me timaron. Fue uno de esos ganchos en Salanova. Te traje una botella de anís y me la tomaron. Todas son calamidades, Constantino. Y Manuel las ha pasado conmigo; hay que sacarlo de aquí, porque trae documentos, pero no recomendación.

Al final nos sacaron por una influencia de la señora de Conill con el jefe de Tiscornia. Ella era amiga también del presidente, según oí después.

—¡Carneros sin cepillar! —nos gritaba Veloz.

Y así salimos de allí, en aquel coche grande con bocinas esmeriladas que bajaba la loma como si fuera en el aire. Fue la primera vez que me dio por reir cuando vi que subía un coche con un negro de cochero y dos mujeres blancas detrás. El Castillo de la Fuerza, La Cabaña, El Morro, todo eso fue lo primero que vi de esta ciudad.

—No se vayan ahora a comer los plátanos con cáscaras —decía Constantino.

Me parecía un sueño todo. Gundín, no se me olvida, se durmió en el trayecto. Me sacó de allí el que me llevó por malos procederes. Así es la vida. Por eso yo digo que todo lo que sucede, ¡bienvenido sea!

LA ISLA

> Pasan n'aquesta vida
> cousiñas tan extrañas...
>
> Rosalía de Castro

III

El calor me entraba por los poros. Sudaba como una bestia, hasta que me conseguí una camisa de algodón. La Habana esos días estaba de fiesta, porque habían autorizado a la Virgen de la Caridad del Cobre como patrona de la isla. Vendían medallitas y estampas con la imagen de la Virgen y el barquito con el negro y los otros dos que, según razón, se iban a hundir cuando ella los salvó en alta mar.

Para mí fue una cosa natural ver La Habana. Ya había estado en Vigo, que era grande también y muy movida. Pero La Habana tenía más bullicio, más alegría. Gundín se portó muy bien conmigo, es la verdad. Me hizo socio de la Quinta Benéfica y me brindó su casa: unos altos de un garaje en Trece y Paseo. En esa mansión él hacía de todo, aunque fue contratado de jardinero. Era un criado muy completo. Navegó con suerte. Tumbos di yo. El mismo día que salíamos de Tiscornia, iba muy esperanzado, hasta que oí una conversación entre Veloz y Gundín donde Veloz le decía que conmigo él había cumplido hasta la puerta del campamento. Vamos, que me sacaba de ahí, pero que de colocación nada. Entonces yo me le adelanté:

—Oye, déjame aquí. Has cumplido.

Era en la misma boca de la bahía, en el muelle de la Machina. Hasta ahí llegamos en aquel Ford descapotable. Gundín me dio la dirección y a los pocos meses lo fui a ver, porque yo pedía el agua por señas, no lo niego. Fue donde me dio tres recibos de la Quinta y unos pesos. Creo que cinco o seis.

Pero, volviendo atrás, di tumbos ese primer día. Yo no conocía a nadie a ciencia cierta. No sabía si coger para la izquierda o para la derecha. Un amigo de mi abuelo sí me había dicho que en la Plaza del Polvorín había una señora llamada Antonia Cillero, dueña de un ventorrillo de frutas y gallega ella. El nombre lo traía apuntado dentro de los zapatos, por si acaso me robaban la maleta, porque en Arnosa decían que aquí eran muy ladrones. Decían muchas cosas y casi todas eran mentira. Por lo menos las mulatas que lo invitaban a uno a beber ron no aparecían por ningún lado. Mulatas había, sí, y muchas, de vendedoras de bollos, de criaditas, de amas de casa... Pero invitarlo a uno, ni de juego.

Eché a andar por la ciudad. Creo que caminé más de seis horas, mirándolo todo y oyendo cómo hablaban. Me costaba trabajo entender lo que decían. Mi español era pobre [9], por mucho que traté de aprender algunas palabras en mi aldea. Pero el cubano hablaba muy rápido. Lo único que yo entendía clarito era que gritaban al verme con la maleta y los zuecos:

—¡Ahí va un galleguibiri!

---

[9] El gallego fue un extranjero que llegó a esta isla desconociendo el castellano. Críticas y burlas injustas recibió por el acento que conservó siempre de su lengua materna. Pero olvidaban los insulares que Galicia tenía una lengua que, aunque con raíces latinas comunes, se diferenciaba mucho del castellano. En comparación con otras nacionalidades que también emigraron a Cuba, el gallego asimiló la lengua castellana con gran rapidez y desenvolvimiento. En este libro hemos pretendido reflejar la trasmutación lingüística que se produjo con el choque entre dos lenguas de raíces tan antiguas.

Y luego se reían y me pedían pesetas. Todo el mundo usaba sombrero de pajilla y camisa de manga larga. Se asaban, pero era la moda. Cuando me cansé de andar, me registré los bolsillos, y tenía exactamente trece pesos plata para enfrentarme al mundo. Me compré un refresco de cola y un masa real. Escondí el dinero en los zapatos y pagué la primera de quinto al parar un carro de alquiler, de aquellos fotingos de pedal y bigote, que me cobró dos pesos por llevarme al Polvorín, que era como decir al doblar de la esquina. Yo quería llegar en automóvil para que la señora Antonia no pensara que yo era un mendigo. Y total que me salió mal el tiro, porque la carrera costaba veinte centavos en esa época. En parte tenían razón en mi casa cuando decían que los cubanos eran unos pícaros.

Me bajé del automóvil y entré en la plaza. Allí busqué y busqué y no encontré ninguna persona con ese nombre.

—¿Conoce, por casualidad, a Antonia Cillero?

—Sí, cómo no, gallego, ella trabaja en el barrio de San Isidro. ¿Una que tiene un tiro por alante y un machetazo por atrás?

Me tomaban el pelo por novato. Era muy duro para un hombre sin miras ninguna. Pero en Cuba se vive del chiste. Se burlan de todo. Y yo, ¿qué iba a hacer? Seguí andando y andando, hasta que me topé con un hombre que me llamó y me dijo:

—Conozco al hijo de Antonia. ¡Arrea conmigo!

Fuimos allí mismo. El muchacho era estibador en la plaza. Le expliqué, pues. Se acordó del amigo de mi abuelo. Y me contó que a su madre la había matado la peste bubónica dos años atrás. El muchacho se llamaba Conrado. Me regaló un sombrero de pajilla y me paseó por la plaza pregonándole a todo el mundo que yo era un primo que había llegado de España. La gente se reía, parece que por la cara de susto que tenía yo. Tomamos guarapo, comimos plátanos manzanos, y al poco rato me invitó a almorzar allí mismo. Por cierto que me gustó mucho el berro con bistec. Y le dije:

—Tú sabes, Conrado, yo creo que el berro este se lo ponen en Galicia a las vacas y ni se lo comen.

Yo sí me lo comí todito. Conrado se portó bien conmigo. Me tuve que acordar otra vez de San Roque, y le dije: «Bueno, si es verdad que tú existes, gracias, coño.» Puse la maleta' a un lado de la mesa y por primera vez comí en paz, sin pensar en el futuro.

La lluvia no cesaba. Pero al fin ya andaba yo trotando por la ciudad, de caminante, como Santiago el Peregrino con su calabaza al hombro. Conrado me llevó en tranvía hasta su casa en Buenavista. Los tranvías estaban nuevecitos y en su apogeo [10]. Alegraban la ciudad y andaban rápidos por los raíles aquellos que montaron los gallegos en Cuba. Hacían un ruido muy bonito también, y eran cómodos y frescos, sobre todo por los asientos de mimbre y las ventanillas con toldillos de lona para cubrirse uno del sol. Me acuerdo y me río para adentro de lo que voy a contar. Y es que el tranvía ese iba bastante lleno. Entonces se monta un negro muy alto vestido de blanco de pies a cabeza. Y yo lo miro y lo miro.

—¿Qué? —me pregunta Conrado—. ¿Nunca has visto un negro?

---

[10] El tranvía eléctrico se instaló en la ciudad de La Habana en el año de 1901, con capital norteamericano del judío Maximilian Steinhardt.

—Sí, he visto, pero tan negro no.

—¿Y por qué miras tanto?

—Es que me extraña mucho que no destiña y manche la ropa?

El creyó que era una salida mía, pero no. Verdaderamente, para mí, aquella piel era teñida, no estaba yo acostumbrado. Después me gustó mucho el café con leche en vaso grande, como le decían aquí a las mulatas tiposas.

El tranvía hizo un recorrido muy largo por la ciudad. Creo que en un día me llevé una impresión bastante completa de los barrios de La Habana. ¡Claro que era mayor que Vigo! Y con más colorido por las flores y por los edificios pintados de azul, de verde, de rosado.

¡Ah! Y las vacas que salían de los establos. Lo más curioso era que las ordeñaban a las puertas de las casas. Donde quiera veía uno a un lechero con su cachiporro de leche; en cualquier lugar había un establo. La gente tomaba leche cruda en la calle como si nada. Y era leche caliente, directa de la teta de la vaca. Una cosa que me llamó la atención fue la cantidad de pregones que se oían por dondequiera. Tamaleros, dulceros, maniceros... una gritería ensordecedora.

Los vendedores de periódicos saltaban a los tranvías con *La Discusión,* el *Diario de la Marina, El Heraldo*... Pero el periódico aquí era una bobería. La gente se lo contaba todo en la calle. Iba uno a un café y se enteraba hasta del último chisme. Así que, en verdad, era una idiotez comprar tanto periódico. La vida estaba muy cara en la capital. La libra de pan costaba un peso, la manteca lo mismo; no había carne, y la ropa estaba por las nubes, así que el periódico lo compraba quien podía.

Menocal, que era el presidente, llevó a este país a las deudas más grandes; lo hundió en la bancarrota. Y es lástima, porque las riquezas se dan a troche y moche. Ver una hilera de matas de plátanos paridas y al otro lado un campo de patatas rodeado de matas de mango es lo más corriente del mundo en este país. No era para que el cubano la estuviera pasando tan mal en esos años.

Digo esto porque yo veía el sol tan fuerte, las lluvias que alimentan y la tierra roja y me decía: «Si en Pontevedra, que nada más que tiene brumas, hubiera un poco de este sol, nadie se iba a emigrar.» Porque hay que confesar que mi tierra es un poco triste, no como Cuba, que es una pascua.

Llegó el tranvía y nos apeamos Conrado y yo. Era al final del trayecto, en el mismo paradero. Por fin, había escampado por completo. Y salía de la tierra un vapor húmedo que daba espanto. La camisa se me pegaba a la espalda. Y el pantalón de pana se me hacía la idea de una frazada. Un verdadero tormento es el calor de Cuba para un recién llegado.

No hicimos más que bajarnos, y en la esquina del puesto de viandas dos mujeres reñían dándose tajazos con vidrios rotos de las botellas de cerveza. Buenavista era un barrio muy malo, de riñas y borracheras. Ahí fui a parar yo. Toda esa parte para vivir era más económica. Una vivienda costaba muy poco. Y lo de Conrado no se podía llamar vivienda. Era una pocilga húmeda, un poco mayor que el calabozo de Tiscornia, pero con más chinches. Lo primero que hice fue rociar alcohol en todo aquello. Mucho más en el rincón que él me cedió, que había sido el inodoro del cuarto. Allí casi no podía estirarme. Cama no había, ni catre, ni colombina, así que tiré tres sacos de yute en el suelo y usé la ropa mía de almohada. Al día siguiente, una húngara que vivía en la parte de alante de la accesoria me regaló unos forros de huata y me hizo una almohada de verdad. Entre el calor, las chinches y los ratones, casi no podía dormir. Viví envenenado aquellos meses allí. Para poder coger sueño me decía: «Cuenta ovejas, Manuel.» Y contaba ovejas hasta cansarme. Recuerdo que a veces llegaba hasta la oveja mil y luego volvía para atrás, porque es más fácil contar en cientos que en miles. Pasé pruebas duras en aquel cuartucho. Y Conrado me salió un poco tahur. Pero eso es harina de otro costal; lo mío, lo personal, es lo que me dolió más, sobre todo porque el robo que me hicieron allí quedó oscuro siempre. La historia es que la húngara tenía una cotorra vieja que no dejaba dormir a nadie. Se pasaba la noche llamando a un tal Nicolás y jodiendo. Me cansé, eso fue todo, y le di perejil a la muy maldita. La húngara sospechó de mí, y como me había hecho un favor, no me lo perdonó nunca. A mi parecer, ella llamó a uno de los fascinerosos del barrio, que eran una gavilla de bandoleros todos, y le dijo que me hicieran algún daño. Yo no me podía despertar temprano, porque las noches eran perras. Y a veces me quedaba adormecido hasta las siete de la mañana. Conrado no; él se iba por la madrugada a estibar en la plaza, aunque llevara diez litros de aguardiente arriba. Pero dejaba la puerta semiabierta para que me entrara la luz y poderme levantar a buscar empleo. Y yo pienso que en una de ésas entró alguno y me robó los zuecos. Verdaderamente que aquí no se usaban mucho, pero sí se podían vender, como era mi intención. La única persona, aparte de Conrado, que sabía que yo traía unos zuecos en la maleta era Amargen, la húngara. Nos seguimos tratando, pero con hipocresía. Ella era una vieja recelosa que estaba gastada como una pasa. No tenía pudores. Nos contaba todo lo que había hecho en su juventud, en el Barrio de San Isidro, contratada en una casa de mala muerte.

Tenía muchos amigos que llegaban ahí con las uñas del dedo meñique largas y afiladas. Eran de su edad más bien. Entre Conrado y los amigos esos, emborrachaban a Amargen por las tardes. Cuando caía la noche, la vieja estaba más borracha que una bota y casi no podía reirse. Se tiraba hacia atrás y movía los ojos con las muecas más feas que se puedan imaginar. Aquellos tipejos no parecían nada educados. No lo eran, pero, sin embargo, no decían malas palabras como los más jóvenes, que sí tenían la boca más sucia que un vertedero. Tomaban, hacían chistes y pasaban así algunos ratos de solaz con ella. Como nuevo allí, yo me mantenía callado, oyendo y recogiendo como una esponja. Todos ellos eran cincuenta años más viejos que yo, tranquilamente.

Un día se apareció un vigilante allí; tenía el número doscientos veinticinco en la chapa de la gorra. Dijo:

—Tú, galleguito, ¿sabes de quién es esto?

Eran mis zuecos. Le contesté que eran míos, que los había comprado en La Toja. Entonces me dijo que al hombre que los había robado le habían ocupado muchas cosas y que confesaba que los zuecos eran de la casa de Amargen, de un gallego recién venido que dormía al fondo.

—Gracias, señor.

El vigilante miró bien al grupo, con sorna, con desprecio, y se fue.

Amargen se tiró para atrás, como hacía ella, y se echó a reir con aquella boca llena de dientes negros. Por eso yo digo que tuvo algo que ver en eso. Al día siguiente, sin esperar un minuto más, vendí los zuecos por tres pesos al barbero que me peló la melena. Compré unos zapatos de goma y todavía me quedaron arriba siete pesos. Ese dinero se volvía agua y sal si yo no lo ajustaba bien. Me puse duro de verdad. Si había un gallego tacaño, ése era yo. Mi propósito era estirar la plata hasta que diera. Y aunque parezca un milagro de Jesús, me duró hasta que di con un trabajo. Conrado traía barras de dulce de guayaba y queso amarillo. La guayaba me repugnaba y el queso era de patatas, no de leche. Aunque lo mantenía a uno en pie. La cuestión era no botar el dinero. Y llevar algo al estómago. El estómago mío es muy agradecido. Igual recibe piedras que manjares. Lo acostumbré bien. La húngara a veces me daba algún plato, pero yo he sido siempre un personalista. Me he cocinado yo lo mío para no depender de nadie. En eso soy muy español. Yo me he fijado que el cubano se pasa las cosas por las ventanas. Es más sociable. A mí me ha gustado siempre mi independencia. Así que me compré un reverbero y me cocinaba ahí algunas patatas y tocino. Un día me comía las patatas y al otro día el tocino con sal. Escaseaba el pan, así que no me era fácil conseguirlo. No me explico cómo pude mantenerme tanto tiempo con ese plan. Un día Conrado me llevó a una fonda que se llamaba Las Brisas de Paula, en Oficios, 92; me acuerdo porque el 92 era el número que tenía yo en el pasaporte. Ahí me comí un caldo gallego que era un manjar del Olimpo.

¡Ave María Purísima, cuando aquel caldo me cayó al estómago empecé a sudar y cogí un vigor que me hubiera echado tres sacos de arroz al hombro como si nada!

Lo primero que hice como trabajo fue cargar sacos de un carretón que venía de los muelles a un almacén de víveres propiedad de unos gallegos de apellido Fernández. Sacos de arroz, de patatas, de sal, de almidón, latones de manteca; todo eso lo descargaba yo del carretón para el almacén, sin canales, sin protectores, a pelo limpio. Y en el estómago mucha limonada con tocino y galletas, cuando las había. La vida era dura en La Habana, pero yo había dado el brinco y tenía que llegar hasta el final. ¿Quién podía a esas alturas, y con lo que costaba el viaje, echarse atrás? No me faltaron deseos a veces de coger el *Lerland* o el *Alfonso XII*. Los veía llegar al muelle y volver a Pontevedra y me decía: «¿Qué hago yo aquí, sin familia, sin mujer, sin nada?» Pero es que Cuba me agarró aunque me estuviera muriendo de hambre en ella. Había algo que me sostenía. Yo creo que era el futuro. El futuro sostiene a los hombres. Si no existiera el futuro, el presente sería una porquería. Siempre he pensado así.

Los sacos pesaban bastante. Tanto que era la pega más dura que había; nadie la quería. Llegaban jovencitos, empezaban a cargar, y cuando ya se iban a curtir el hombro, se largaban. Muchos iban en época de aguinaldo, lo cobraban y ¡abur, Lola! No le veía uno el pelo a aquellos compatriotras. Los sacos de azúcar pesaban unas trescientas veinticinco libras, los de sal doscientas y los de almidón doscientas noventa, como los latones de manteca. Y todo eso al hombro, sin protectores ni muñequeras, a pelo.

Vuelvo y digo que era una bestialidad, porque la piel del hombro se quemaba toda, y encima de las llagas, tenías que tirarte aquellos sacos de sal, que ardían como carajo. Aunque el almidón era peor, porque resbalaba, se caía el saco, y a levantar aquellas doscientas noventa libras del suelo uno solo. Contimás molesto se ponía uno, peor, más se caían los sacos al piso. Así que, de contra, tenías que cantar muñeiras o reirte. Si no, no comías, y ya. Para trabajar había que hacerlo en alpargatas. Son más suaves y le permiten a uno mover el pie, afincarlo a la canal o al tablón por donde hay que subir. A veces subía uno y el saco, ¡cataplún!; entonces a recoger la sal o las patatas, ¡qué sé yo! No quiero acordarme mucho de aquello, pero es bueno que se sepa que aquí ningún gallego vino de turista. Trabajábamos mucho. Cuando llegaba yo al cuartucho me frotaba bien con alcohol de pies a cabeza antes de echarme agua, luego un cubo y a la cama. Nada de cines, de teatros, de mujeres, nada. Amanecía como una lechuga. Era la edad, desde luego, porque hoy hasta darme un baño me cansa.

La mejor bebida que había para estimular los músculos era la ginebra. Aunque yo prefería el aguardiente de uva Mosteiro: era más fuerte y más rápido de acción. Me acuerdo muy bien de Faustino, un gallego de Orense que trabajaba conmigo descargando carretones. Era casi enano, cabezoncito y con dos macetas por piernas. Tenía en el hombro derecho una loma, como si fuera un almohadón natural, que se lo había producido el trabajo. Faustino cargaba más que nadie y ganaba por comisión. El se daba el lujo de comprar ginebra La Campana.

—Dale —me decía—, que esto es para los hombres.

Yo me empinaba la ginebra, pero sin mucho gusto, más por quedar bien con él, la verdad. Ahora él sí se tomaba hasta dos botellas diarias.

—¡Campanuca! —le decíamos—, ¿cómo beben los hombres?

Nos miraba de bruto que era, iba a la botella y se la empinaba hasta la mitad. Eso lo vieron mis ojos allá por la calle Egido, y no es que me lo hayan contado.

Pero un día ya ese cuerpo no podía más y Faustino se reventó. Llegó desganado por la mañana.

Puso la botella sobre un saco y ni la miró. Cargando un saco de arroz se desplomó. La boca se le llenó de espuma y daba brinquitos. Nosotros le gritábamos:

—¡Campanuca! ¡Campanuca!

Pero él ni señas hacía. Le dieron buen entierro, porque la Sociedad Gallega se encargó de todo. Yo no fui. Ver así a un hombre de la misma tierra de uno es un espectáculo muy desagradable. Por eso yo seguí tomando aguardiente de uva. Es más sano y no mata a nadie.

Me puse a buscar otro trabajo. No me acostumbraba al estibaje. Los hombros míos eran flacos y no se curtían. Además, quería salir de allí, de aquel cuartucho, y no depender más de Conrado, que me salió un bandolero, aunque eso es harina de otro costal. Ya tenía algo reunido. No gastaba casi nada. El tranvía me costaba veinte centavos diarios, la ida y vuelta, claro. Así y todo, tenía que ahorrarme ese dinero también. Entonces me puse a averiguar por Buenavista, a ver qué horizontes se presentaban. Pero allí, ¡ni coles!, no había trabajo para nadie. Mucha pestilencia, mucha guapería y mucho robo.

A la sazón, me había dejado unos bigotes de manubrio para lucir de más edad que la que tenía. Pensaba yo que mientras más viejo luciera mejor, porque la gente se burlaba de uno por enclenque y por mozo.

Un día voy por los elevados y veo un carretón grande de esos que había en La Habana, con paraguas sobre el pescante y toldo para el sol. Me le acerco al carretonero y resulta que era gallego. Le conté mi vida. Y cuando le dije que yo era de Pontevedra metió un grito.

—¡Carajo, si eres de mi tierra!

En el carretón fuimos hasta Buenavista. Recogí mis bártulos, casi nada, y los tiré sobre la cama del carretón. Me despedí de Amargen y le dejé una nota a Conrado, muy agradecido, como en verdad estaba yo con él, a pesar de todo lo que me hizo después. Cuando regresábamos en el carretón Fabián y yo, viene Conrado y me ve.

—Eh, ¿a dónde vas?

Le presenté a mi compatriota y le expliqué que me había dado una mano y que me llevaba a vivir en su casa en La Habana, a trabajar con él.

—¡Que te vaya bien! —fue lo único que me dijo.

Y me pidió diez pesos, que no se los pude dar en ese momento porque mi capital era de unos cuarenta, así que le dí cinco, con promesas de seguir la amistad como siempre.

Fabián tenía más de sesenta años. Me tomó afecto. Se le había muerto toda la familia, mujer e hijas, por la maligna peste bubónica. Pero él era un trinquete. Cargaba y descargaba los sacos del muelle para los Almacenes Rodríguez y Compañía, en Corrales, cerca de la terminal de trenes. El carretón era grande y llevaba un anuncio de la Maltina Tívoli a un costado. Así que cada vez que pasábamos por una bodega tomábamos maltina de gratis. Era el acuerdo entre la empresa y él.

Fabián conocía a casi todos los gallegos viejos de entonces, al menos en su giro era una autoridad. Cada vez que llegábamos a un lugar público, quiero decir, bodegas, cantinas o puestos de chinos, le gritaban:

—¡Fabián, carajo, un gallego de verdad!

O si no le preguntaban en jarana:

—Fabián, ¿tú sabes lo que es un diccionario?

—¡A joder con tu padre! —contestaba él.

—Pues mira: un diccionario es un libro grande donde dice que gallego es un animal nacido al norte de España para beneficio del hombre.

Y luego le pasaban la mano y le invitaban a tomar Cabeza de Perro. Lo querían porque él era un bruto bueno y muy humano. La gente comentaba bajito lo de la mujer y las hijas, que se habían ido en un santiamén. Yo creo que me saqué el premio gordo cuando me topé con él. Me dio cariño de padre sin sangre por medio.

Fabián era de una aldea más pobre que la mía. No estaba en ningún mapa. Era como un cuartón de aquí, con seis casas y mucha tierra para criar ovejas. Nos contamos las vidas nuestras. El me dio lecciones de bien y muchas reglas para vivir decentemente. Fabián no había aprendido a leer, pero firmaba con una «F» bien dispuesta. Sin embargo, sabía contar, porque tuvo que aprender a palos; si no, le robaban las ovejas y el abuelo lo ponía sobre una tabla y le daba con un látigo de rama de cerezo.

—O aprendes a contar, o te dejas de llamar Fabián.

Aprendió por necesidad. Porque una tarde llega a la casa con sus ovejitas, comiendo pan de maíz y silbando, y el abuelo le grita:

—¡Oye!, ¿y la canela dónde está?

La canela era una jovencita que siempre se dislocaba del rebaño, y esta vez no venía con él. Entonces Fabián le contestó que todas eran iguales y que él no las podía identificar por separado. Ahí es donde se dieron cuenta de la importancia de contar. Fabián había salido con once ovejas y regresaba con diez. Para él era lo mismo, así que lo tuvieron que enseñar con bolitas de madera y a fuerza de golpes. Yo le fui muy útil a Fabián; le tomaba notas, le contaba, se lo escribía todo. Le leía *El Heraldo* o *La*

Marina y hasta le manejaba un poco el dinero. Confió en mí plenamente.

—Cuando te eches mujer, te vas por ahí, porque tú eres rapaz, ¿eh?

—No, hombre, si yo con usted voy cómodo.

De cómodo el cuento, porque era todo la misma noria: cargar sacos de arroz y de patatas del muelle al carretón y del carretón a los almacenes. Pero más suave, porque Fabián no aceptaba sacos de más de doscientas libras, y además no era lo mismo el tramo del muelle al carretón y del carretón a la casa almacén. En el otro trabajo había que andar metros largos con la carga al hombro.

Fabián y yo comprábamos mucho aguardiente de caña. Llevábamos siempre una botella envuelta en un saco. Si no, la mano de vagos que había en La Habana, vagos de raza, que no querían pegar el lomo, le pedían a uno un buche a cada rato. Esos o eran chulampines o pordioseros. Y todos venían a casa del pobre Fabián a pedir. Hasta los «botelleros» [11] del gobierno siempre andaban con una mano alante y la otra atrás. Cogían su «botella», se la gastaban toda y luego venían al gallego con propaganda política y a pedir.

Fabián me enseñó a no andar en líos con esa gente.

—Todos los presidentes —me decía— son de la misma calaña, desde el Palma hasta este cabrón de

---

[11] La Botella. Sinecuras que aparecen en la vida pública, ésas son las botellas. En 1908, el interventor militar Mr. Magoon creó numerosas sinecuras. Los funcionarios y empleados públicos cobraban las mismas y no trabajaban. Se había instaurado un régimen de deshonestidad política y administrativa sumamente alarmante y perjudicial para los intereses de la población. La botella fue una institución que llegó hasta el 1 de enero de 1959.

Menocal, que era dueño de ingenio y ahora es dueño de país.

Verdad mucha. Los gobiernos no favorecían al muerto de hambre. Ese tenía echada encima una capota que nadie se la venía a quitar.

Mucho trabajo pasamos los gallegos aquí. Pulíamos la suela de los zapatos, pero no nos moríamos de hambre. La primera carta que le escribí a mi abuelo fue cuando me puse a trabajar con Fabián. Le puse más o menos:

> Querido abuelo:
>
> Voy bien. Llegué con mucho tropiezo, pero ya me repuse. Trabajo con un señor de allá que se llama Fabián y es más bueno que el pan. Vivo en su casa, que es un cuarto con cocina e inodoro aparte, en la misma Habana, a dos pasos de los trenes. Cogí un parásito que se me quitó con miel de abejas y sueño. Voy mejor de él. Y te contaré más cuando pueda mandar algún dinero. No digas allá que estoy en Cuba. Di que fui a Portugal o como quieras, porque todos los días llegan vapores cargados de Galicia, no vaya a ser que alguien sepa lo que pasó. Tú sabes, mi abuelo, que no te olvido, ni a la abuela, ni a la madre, ni a la hermana. Que Dios y la Virgen los acompañen. Con un abrazo, Manuel.

El carretón iba halado por una mula ya un poco vieja. Se llamaba Farola. La mula era fuerte y comía mucha hierba. Era una mula rara: no sudaba, siempre estaba sequecita y fría. Y eso sí que era muy extraño. Al principio me montaba yo en el pescante, bajo el paraguas, y la veía muy segura del camino.

Me extrañaba esa mula tan segura. Entonces le digo a Fabián que suelte las riendas y se me ríe.

—¡Qué sabes tú, hombre! Farola va sola a la casa de Rodríguez.

Como, en efecto, de tanto trajín por esas calles, la mula llegaba sola a su destino, el almacén de Rodríguez y Compañía. Como ella hacía el trabajo de nosotros, yo me dormía para descansar. Fabián hasta roncaba, y la mula tocaba el puerto, y a descargar. Después compré otras mulas, pero ninguna tan inteligente como Farola. La pobre murió con el costillar afuera y boqueando.

Vino Zarza, que costó como cuarenta pesos; tenía tres años, pero era bruta la muy condenada. Había que conducirla y gritarle. Se me acabó el descanso del muelle al almacén. Oía un fotuto y se asustaba, veía un carro de aquellos grandes pasarle por el lado y se ponía tiesa, no quería avanzar. Había que bajarse del pescante y cogerla por las orejas. Lo único bueno que tenía es que era joven y vigorosa. Pero comía más que Farola.

—¡Rediez, me vas a arruinar, puñetera! —le gritaba Fabián.

Fui guardando centavo a centavo en una bolsa de cuero. En verdad, ese año no gasté mucho. Fabián cocinaba en la casa y yo buscaba los mandados los domingos por la mañana. Había que ahorrar, porque la familia estaba peor allá. Venían los amigos a invitarlo a uno a jugar cubilete o a beber. Y todo para el saqueo del bolsillo. Por eso yo me quedaba mirando a la pared y pensando. Ahí era donde me venía el deseo de las mujeres, que era mucho ya. Aquí siempre las hubo muy bonitas y muy zalameras: gallegas, asturianas, canarias y cubanas de la raza mulata, que es mi preferida.

Un domingo voy a ver a los muchachos bañarse a la Cortina de Valdés, allí detrás de la catedral de La Habana. Ellos se bañaban casi en cueros y buceaban quilos que las gentes les tiraban, los desprendidos, claro está. Yo mismo no estaba en condiciones de soltar. Pero era entretenido ir a verlos. Casi todos eran negritos. ¡Cómo agarraban los quilos en la boca! Parecían peces teñidos saltando de lo lindo, y no me costaba nada. Eso se llama actuar con la cabeza y no con las patas, como aquéllos otros que se iban a los burdeles, a los teatricos, a las cantinas, y salían con una mano alante y la otra atrás.

Pero voy contando lo de la Cortina. Allí oigo a una niña muy salida del plato, que le gritaba al hermano que saliera del agua, porque la madre lo procuraba. Gritaba a todo pecho:

—¡Lazarito, vamos, sal de ahí, sinvergüenza!

Pero él no le hacía caso ninguno. Ahí es donde yo me le acerco al verla con aquella blusita blanca pegada a los pechos y le digo:

—Déjalo, boba, ahí nadie se ahoga.

Entonces ella saltó riéndose:

—¡Ay, un galleguito!

—Bueno, ¿y qué tiene de malo eso, hija?

—¡Nada, nada!

—¿Entonces?

—¡Nada!

—¿Vives aquí?

—¡Sí!

—¡Ay, sí!

Le compré el queque, que se lo comió muy relambida, y se fue.

Al domingo siguiente fui allí temprano. Ella llegó como a las once de la mañana. Ya yo había hablado con Lazarito y le había tirado su monedita también. Hasta la dirección de la casa donde vivían me la sabía yo. Le fui diciendo: «Vives en tal lugar, te llamas fulana —que ahora, si me matan, no me acuerdo cómo se llamaba, la verdad—, tienes padre y madre y acabas de cumplir los quince años.»

Yo tenía unos diecisiete bien machucados. Fabián no me creía. El pensaba que yo era mayor por mi seriedad, por los bigotes y porque le oía los cuentos. Un mozo oyendo historias de un viejo, ése era yo.

Me dio por ver a la mulatica todos los domingos. Cuando los muchachos se retiraban con sus quilos, nos metíamos detrás de unas pilas de azufre que había por ahí y nos tocábamos todo el cuerpo. Cuando empezaba a oscurecer íbamos para el parque. Esta me gustaba más que Casimira, por la piel y por el fogaje que tenía. Yo metía la mano, y cuando la abría era como si tocara un pollito caliente, pues bajaba y me pasaba ratos metido de cabeza ahí. Ella me hacía lo mismo, pero de pie, porque tenía miedo recostarse y que nos viera el vigilante o algún chiquillo.

Con ella cogí los mangos bajitos unos cuantos meses. Cuando no venía a la Cortina, yo la iba a buscar con imán a su casa en Puerta Cerrada. El imán era un peso o una mano de platanitos manzanos. Los muchos hermanos que ella tenía y la madre sabían más o menos que yo andaba husmeando la carne. Pero calladitos y conformes, eso sí. Fabián nada más que decía:

—Te engrampó, rapaz, te engrampó la mulatica.

Era mucha verdad, y qué le iba a hacer yo con mi edad y aquello que estaba que partía un ladrillo. Después todo se complicó. Ella quería saber dónde yo vivía, qué hacía; era una averiguadora. Yo, más cerrado que una tumba. Pero me gasté, eh, me gasté mis dineros con ella.

Cuando empezó con que el matrimonio y tal, la dejé, y fue cuando me puse en trato con una que estaba casada con un viejo del mismo giro que Fabián, y que se llamaba Justo Vilanova, el Pardillo. Esa era mulata también y vivía en Apodaca, 61, pero no viene al caso la historia.

Lo que más me ha molestado de este país, son las lluvias torrenciales. Lo cogen a uno de sorpresa siempre. Nosotros andábamos en el carretón y se ponía el cielo nublado, luego negro total, y empezaban los truenos. La mula se ponía a corcovear, nerviosa. Uno mismo sin costumbre de esas lluvias se molestaba. El aguacero caía sobre el paraguas del carretón y se lo quería llevar al vuelo. A veces partía las varillas. Eran trombas tropicales. Después de un chubascón de esos, me entraban toses y catarro. Lo bueno es que yo he sido siempre fuerte y con un jarabe de Chamberlain y la miel de abejas, me lo curaba todo. Nunca se acostumbra uno a otra tierra aunque pasen años como golondrinas. De todos modos, me iba adaptando, con mi orgullo de español y mi honradez como trabajador, claro está. No es que me costara trabajo andar con cubanos, es que yo era solitario de nacimiento. En mi aldea no tuve amigos grandes. Aquí, sin embargo, sí los tuve, gallegos y cubanos también. El cubano es relajón, pero noble, y en eso es más gallego que el mismo gallego.

Yo quiero a Cuba como si fuera mi tierra. Con todo y que he pasado aquí unas cuantas tormentas. Pero a Galicia no se le olvida. Yo siempre quise regresar y lo hice cuando tuve mis huevos de oro bien alineados en el escaparate.

Pero volví, porque el diablo son las cosas y me dio otra vez la idea fija de Cuba y Cuba, y cuando vine a ver estaba de nuevo viendo palmas reales. Digo esto porque uno puede ser orgulloso de su patria y querer a otra, como quiero yo a ésta. Yo estoy muy orgulloso de ser gallego. Colón mismo era gallego. Lo quieren hacer portugués, italiano, un ceremil de patrias, pero, ¡ni cuento! Un hombre que, según dicen, no hablaba más que gallego, que descubrió una isla y le puso La Gallega, y qué su nave, la carabela esa en que venía no se llamaba la Santa María; se llamaba La Gallega; y uno de los que lo acompañaban fue el que le puso la Santa María. Lo malo que tiene el gallego es que se achanta a veces. Gana dinero, trabaja como un mulo, pero se achanta. Y en eso yo no soy tan gallego. Tengo espíritu de aventura, me gusta estar de un lado para otro. Aquí me salí con las mías. Y como la política era tan movida, yo me las agenciaba para cambiar de trabajo y mudarme de casas. Siempre andaba buscando novedades. Me divertí mucho al llegar en cuanto a lo que pasaba en el gobierno. Bandos entre liberales y conservadores, que eran los que estaban en la cogioca. Menocal, el del caballo, era conservador. El pueblo no lo quería. Le sacaban cosquillas al gobierno con conguitas y tiros. A cada rato detenían a alguien o descubrían un latón de pólvora en una casa. El cubano es muy revoltoso, le gusta enfrentarse a lo mal hecho. No se calla el pico ni por lo que dijo el cura. Cantaban las chambelonas; unas orquesticas que iban por las calles con cajones de bacalao, cucharas y bongoses. Detrás, el pueblo arrollando. Mucho pañuelo rojo y cerveza. La chambelona era el himno de los liberales:

«Yo no tengo la culpita
ni tampoco la culpona,
aé, aé, aé, la chambelona.»

Pero ni Fabián ni yo nos podíamos meter en eso, aunque era de un relajo muy divertido. Fabián decía:

—Si tumban a Menocal del caballo, otro peor va a coger la montura.

Él era muy español. Estaba viejo y había vivido en la colonia toda su juventud. Conoció la guerra, peleó en ella su poquín. No fue quinto porque era muy viejo. Ya vivía en Cuba, pero tampoco llegó a oficial. Fabián era un hombre apocado, de mucha rutina. Eso era lo que no me gustaba de su carácter.

La rutina es peor que el cansancio. Más monótono que aquel carretón, por ejemplo, no había nada. Me beneficiaba sólo con la Maltina Tívoli, después me repugnaba. No veía yo adelanto alguno. Siempre la misma entrada. Ni un quilo más, ni un quilo menos. Más bien menos cada día. Empezaban los camiones aquellos de gomas macizas y bigotes a cargar de todo al muelle, con una competencia muy, pero que muy fuerte. Y si me cogía una gripe o un parásito o lo que fuera, tampoco tenía tiempo ni para enfermarme, porque Fabián, que era un trinquete, no entendía de males de tos ni de diarreas.

—El día que uno no trabaja, se afloja, hijo.

Era un consejo bueno que él me daba, como padre casi, pero que no estaba en juego con la realidad. Yo era más enfermizo que él, menos en cuanto al estómago. Ese lo he tenido siempre como una piedra.

Fabián valía como pocos. Pero un sordo a las transformaciones. Rutina y más nada. Eso sí, no le podía yo hablar ni de cambios ni de política.

—Yo reconozco dos partidos nada más, el de los que doblan el lomo y el de los vagos.

Con esos truenos, quién le iba a hablar de nada. Era un hombre cerrado y terco. Dígole:

—Oiga, padre, ¿por qué no vamos a cargar tercios de tabaco con la viuda de Méndez? Allí hacen falta carretones.

Se ganaba más, el viaje era más largo, pero más entretenido. Todo era mejor. Un tercio de tabaco no pesa lo que un saco de arroz o lo que un latón de manteca. Me contestaba:

—Ni viuda de Méndez, ni cojones de plata.

Entonces me las vi negras. Por detrás de él, me puse a buscar otro empleo. Y no conseguí nada. No había trabajo. Fui a ver a Gundín. Me trató muy bien. Seguía de criado de la señora de Conill, pero fue lo mismo:

—Cuando haya obra, te llamo. Por el momento, no hay nada.

Obra quería decir oficio de albañil, de peón, en el Vedado. Muy lejos y muy duro también, pero ni así. El panorama estaba oscuro. Mi vida era el carretón con Fabián, o si no, la muerte por hambre. A todas éstas, no había podido mandarle ni un centavo a mi abuelo. Estaba acomplejado, pero tenía que levantar cabeza primero y luego repartir a los demás. No veía el día, no señor, no lo veía.

José Martínez Gordomán era amigo leal de Fabián. Había nacido en Pontevedra, en una aldea que no se podía ni llamar aldea, porque lo había cogido una temporada de hambruna, y casi todos se habían muerto de frío y pesares. Era un poco más joven que Fabián y vivía en una accesoria de la calle Compostela, entre espiritistas, ñáñigos, santeros, ¡qué sé yo! El hombre tenía fe, creía en esas religiones, a pesar de ser muy gallego. Pero no hay misterio. Su mujer era una negra de nombre Estrella que siempre andaba con un mazo de collares al cuello. Tenía unos ojos grandes y negros muy bonitos. Siempre olía a colonia de barbería y se echaba talco por todo el cuello y la espalda. Ella decía que así el calor no le entraba porque el talco tupía los poros, y le daba buen olor. Era muy relambida, muy simpática, y José tenía locura con ella. El hijo de ambos, que no me acuerdo si se llamaba Arsenito, tocaba el redoblete, y otro, el hijo de un asturiano, dependiente del Café Azul, el bombo. Ese se llamaba Angelín. Gordomán era el mejor gaitero de La Habana. Se dice que introdujo la gaita en los cafés de los muelles y en las romerías del Parque de Palatino. Tocaba como un bendito. Se le inflaban los cachetes y cerraba los ojos. ¡Ave María, qué linda es la gaita!

Gordomán usaba sombrero de jipijapa y unos bigotes engominados que daban que hablar. Entre los tres y Estrella, sacaban mucho dinero. Ella no cantaba, pero le daban algo también, porque era muy simpática, y cuando se tomaba dos cervezas hacía cuentos de relajo y todo. A veces José venía y sacaba a Fabián del cuarto. Se lo llevaba al Brisas o a la Casa Azul. Yo me iba con ellos, por supuesto. Nos tomábamos dos o tres coñaces, oíamos la gaita, los cuentos de Estrella... joder un poco.

—Fabián, tú tienes que casarte otra vez, chico.

—Estése tranquila, Estrella, que yo soy un hombre serio.

—¿Y qué tiene que ver? Mira, dile a Joseito que te presente a Asunta. No es fea. Tiene cincuenta años, la edad buena para ti. Y lava y cocina. Es la que te conviene, chico.

—Es que a mí me gusta Caridad, la del puesto de viandas. Es mulática como usted, pero con dieciocho años.

Fabián, con dos copas, tenía su sentido del humor.

—Pero mira, Fabián, ésa con dieciocho años, te va a pegar los tarros.

—Pues que me los pegue, más vale un bombón para dos que una perlana para uno.

En eso consistía nuestra diversión. Luego, de

nuevo a la rutina. Hasta que un día, parece que me acordé que yo era hijo de mi padre y no de Fabián López, y le dije:

—Fabián, con el dinero que tengo y lo que iba a mandar a España, me voy a comprar una mula. Y en unos meses, un carromato. El negocio del carbón es cochino, pero más productivo.

Gordomán convenció a Fabián. El viejo ya tenía un poco de hinchazón en las piernas y no se iba a quedar solo. El manejaba el carromato, o carretón, como le dicen acá, porque en Galicia esos carromatos se usaban para transportar vino y sidra en las odres de una aldea a otra. Y yo cargaba los sacos de carbón, que no pesaban nada, y los vendía. Fabián no tenía que moverse del pescante como no fuera para meterse el dinero en las bolsas. Nos mudamos para una cuartería en el barrio de La Timba, detrás de lo que es hoy la Plaza de la Revolución. Piedra movediza no cría moho, digo siempre yo.

La vida era dura. La apretazón venía de arriba, del gobierno. Hablaban de vacas gordas, pero el pobre siempre con las flacas. Gordas para los ricos y flacas para los muertos de hambre. El negocio del carbón me acabó de matar. Allí sí que eché los hígados. Yo me había hecho otra idea, la verdad, pero aquello no tenía acotejo, era una descalabrada total. Aquí el que más y el que menos pedía el agua por señas, estaba en la prángana, como era el dicho en aquella época. Todo conspiraba contra la tranquilidad, los ciclones, las huelgas —más de veinte huelgas en un par de meses—, el copón divino. Unido a eso, los piquetes liberales en las calles con las conguitas. Nada en serio. Los obreros pegados a las máquinas o cortando caña, y los políticos comiéndose la mejor tajada del pastel. Si eras decente, no te metías en nada y trabajabas para comer, te podían colgar un sanbenito y para chirona de lo que no hay remedio. Allí te podías morir, que nadie iba a meter la mano en la candela por ti. Así que, cuando venían y le preguntaban a uno de la política, lo mejor era decir que sí, pero con la cabeza.

La Timba era un barrio malo, de mucho maleante y mucha brujería. Allí compramos la mula y el carretón. Un tal Benito Suárez nos lo vendió en quinientos sesenta pesos. Doscientos por la mula y trescientos por el carretón. A Fabián le quedó algo, pero a mí ni pío. Me lo jugué al todo por el todo. Otra vez el abuelo a esperar. Ya hacía año y pico que había llegado y no había podido contribuir a mi casa. Eso me tenía enfermo, muy acomplejado. Yo dejé muy mal aquello. Un viejo solo con una hija enferma y una nieta que no podía trabajar el campo porque era más flaca que una merluza. Todo eso me daba vueltas en la cabeza. Tenía deseos de mandarlo todo a tomar vientos y volver a la casa en un vapor, de polizón como Gundín o fregando cubiertas. Pero no tuve valor. La pura verdad es que, a pesar de todo, aquí era más variado.

Todo eso fue lo que me retuvo. Al carbón, aunque tizne. Y así fue. Estuve como dos años en el negocio ese. Vivíamos en un cuchitril, pero solos Fabián y yo. Era el único cuarto donde vivían dos. Los otros eran de cinco o seis, todos españoles, de Orense, de Lugo y de Pontevedra. Bueno, una colonia gallega con el nombre de La Timba. Hacíamos una cazuela de caldo gallego de verdad, con berzas y lacón. Lo comíamos por la noche. Sana comida «da terriña». A veces sin pan, porque la harina aquí siempre tuvo su decadencia, y cuando la había era huérfana o con huevo frito. Yo me acordaba de cuando tenía que combinar el tocino con patatas y me consolaba. Al menos ahora podía darme el lujo de un caldo gallego bien hecho. Me estaba alimentando bastante. Y el trabajo del carbón era sucio y mal agradecido, pero no mataba tanto como aquellos latones de manteca y aquellos sacos de arroz y almidón. Fabián me ve un día un poco alegre por unas copas que me había tomado y me dice:

—Así que estás contento porque no tienes que echarte tanta carga al hombro. Ya verás como esto es peor.

Fue a los pocos días de empezar el trajín del carbón, cuando yo todavía creía que había quitado un peso de arriba. Estaba como el burro cuando le quitan el aparejo. Pero eso duró lo que un merengue a la puerta de un colegio. Renegué del carbón al mes de estar en él. Ya me había montado en el caballo, tenía que echar para delante. Y eché sin miedo. Fabián se sentía mejor, aunque no me hablaba por orgullo. Nada más que cobraba y pasaba las cuentas a una libreta que teníamos para los fiados. Aquí se usaba mucho el fiado. Lo timaban a uno de mala manera. Compraban los sacos para el mes, y cuando uno venía a cobrar, se habían mudado sin dejar rumbo. Esos eran los trucos que hacían algunas familias. Otros compraban al menudeo y no pagaban porque no les daba su realísima gana. Entonces le decían a uno:

—Aprende a contar, si ya yo te pagué tres reales.

Querían engañar, pero Fabián sabía de cuentas, y yo no me quedaba atrás. A veces me tenía que entrar a puños con algún sinvergüenza, que salía medio desnudo del cuarto:

—¿Qué es lo tuyo, gallego, y ese escándalo aquí?

Y no era escándalo; era que me querían pagar menos, y ellas les decían a los maridos que yo les había contestado con malas palabras. Pero yo tenía una muñeca de hierro. Me cogían su miedo los dormilones de mierda aquellos que a las diez y a las doce del día todavía estaban con los ojos pegados. A pesar de que en esos solares hacía más ruido que en una herrería. Eran vagos que había aquí. Lo único que les importaba era dormir la mona, comprarse una medalla de oro y hablar de pelota.

El trabajador siempre fue esclavo. Pero mayor esclavitud que el carbón ninguna. Era preferible ser presidiario. Se ganaba más, no voy a negarlo; un dinero que cuando uno lo cogía en sus manos sabía amargo. Para ganarlo había que volverse un puerco. Por mucho alcohol que me rociara, amanecía tiznado, con el churre negro de la hulla metido en las uñas. Hasta el pelo se teñía. Yo me ponía un saco plegado como una caperuza, y eso me protegía la cabeza un poco, pero, ¡qué va!, el carbón es un desgraciado.

Toda La Timba era de carboneros, isleños [12] y gallegos principalmente. Un barrio de indigentes, detrás de la Ermita de los Catalanes, lleno de muchos ñáñigos. Allí se controlaba la venta de carbón de madera para casi toda La Habana. Para donde quiera que uno mirara, veía carbón de yana. Menos mal que él no tenía tanto olor, si no hubiera sido el colmo. El carbón venía en goletas de Bahía Honda y de la Ciénaga de Zapata, donde se daba la yana esa, que se parece mucho al mangle de río. Llegaba al muelle

---

[12] La costumbre de llamar isleños a los nativos de las islas Canarias se generalizó en toda la isla de Cuba desde el comienzo de la inmigración española. La población canaria, una de las más numerosas y productivas de la isla, se dedicó mayormente al trabajo agrícola, frutos menores, caña, tabaco y café. El «isleño» forma parte de nuestra nacionalidad como factor condicionante del carácter cubano.

y allí lo descargaban para los almacenes. Y eran los almacenistas los que lo vendían a los detallistas, o sea, a nosotros. Fabián era de la costumbre de llenar el carretón. Compraba veintiocho sacos, a veces treinta. Y lo vendíamos más bien al menudeo. El saco nos costaba un peso en esa época. Así que le sacábamos el jugo. El carbonero era un hazme reir. Los niños le gritaban puercadas. Los mayores también. A mí, a veces, me gritaban:

—Eres más prieto que el cabo Ramón —un negrito tinto de la Tercera Estación que daba palos a diestra y siniestra. O si no me decían que me hacía pelado de jícara. Y es que yo me pelaba con el corte redondo detrás de la nuca, el pelado de antes, el de los gallegos carboneros.

Muy duro el trabajo. Salíamos a las cinco de la mañana. A las seis de la tarde todavía andábamos trotando por el Vedado. Ibamos a las cuarterías, a los hospitales y a las casas grandes, porque todavía en muchas no había gas. La gente prefería el carbón, sobre todo para los calentadores de agua, no sé por qué. Yo vendí mucho carbón a familias ricas del Vedado. Me acuerdo que una persona muy fina no me conoció el día que fui a cobrarle el gasto del mes. Voy un domingo por el mediodía, bien bañado y bien planchado. Y ella me decía que era imposible que yo fuera Manuel.

—¡Si hasta tienes los ojos azules!

Los ojos, claro, con aquel saco en la cabeza y aquel tizne, no se veían.

El carretón requería su mantenimiento. Había que ajustar las ruedas de madera, pintarlo, cubrirle el techo con cartón piedra o con lona verde, cuidarlo más que a la misma mula. Llevábamos unas cartucheras gruesas de cuero con botones de metal amarillo que se colgaban a la cintura. Ahí guardábamos el menudo. También el carretón llevaba su timbre, que lo tocaba Fabián con el pie. Aunque nada más que hacíamos llegar a una esquina y en seguida todo el barrio se amontonaba alrededor. Sobre todo los niños. A ellos les encataba joder a la mula y tocar el timbre. La mula nuestra nunca llevó cencerro, ni nombre propio le pusimos. Era muy resabiosa y a veces se echaba a correr y hasta chispas le sacaba al pavimento. La mula era otra tortura. Era una mula grande, muy hermosa, mula de carga pesada. Había que darle de comer mucho maíz y mucha yerba en pacas. La bañaba a cada rato, si no cogía una peste a muerto insoportable. La peinaba con una rasqueta de alambre que era de allí, de la cuartería. Le guardaba los arreos, se los limpiaba. ¡Una esclavitud total!

El carretón nuestro se llamaba *El Progreso,* nombre que le puse yo. Además del carbón, vendíamos unas tortas que se hacían con plasta de vaca seca y prensada. Con eso el carbón se encendía mucho mejor. Daba una candela azul más fuerte, con llamas altas. Le tiraban encima los trozos de carbón; más bien las casas grandes eran las que compraban esas tortas. Los pobres, el carbón, y va en coche.

Como recorríamos todo el Vedado, y a veces llegábamos al Cerro, yo bajaba a cada rato por la calle Paseo, donde vivía mi amigo José Gundín. Ya cuando él veía llegar el carretón, llamaba a los otros empleados de la señora de Conill y desde las rejas me gritaban:

—Ahí viene Satanás! ¡Cuidado con Satanás!

Era una broma de mal gusto, pero a mí me divertían las bromas de los amigos. Además, de puro y cierto que yo me parecía al demonio con aquella caperuza y todo tiznado. Pero como nadie me daba un plato de comida ni me decía ven a trabajar para acá, tenía que seguir en el carbón para guardar algo y mandar para la casa. A esas alturas, todavía yo no le había mandado ni un centavo a mi abuelo. El bochorno era de verdad, así que estaba obligado a carabina en el carbón. Había que pagar la Quinta, gastar algo en mujeres y comprarse alpargatas a cada rato. El que trabaja de carbonero tiene que ir en alpargatas, porque camina mucho. A pesar de todo, ya tenía algo decente acumulado. Gastaba también en bolos. Ibamos Gundín y yo y otros de la casa de la señora de Conill a jugar en una bolera que había al lado del Teatro Martí. Si no, jugábamos al fondo de mi casa, en un terreno liso, sin plataforma de madera ni nada. Tenía mucha suerte en el bolo, gracias a lo cual me llevé mis pesos al bolsillo. Fabián no era de bolos, sino de barajas. Jugaba con unos baratilleros de apellido Soteiro, en una trastienda de la bodega que había en Zapata y Dos. El dueño de la bodega nos fiaba los víveres. Y como Fabián siempre salía vencedor en la baraja, él a veces se hacía el de la vista gorda. Nos cobraba lo que le parecía, por lo bajo, desde luego. El domingo era el único día para eso. Y a veces sólo en las horas de la tarde. La mañana había que dedicarla a los cobros en las casas ricas. Aprovechaba uno para comer dulces de almíbar, panetelitas borrachas, boniatillos... Como entrábamos por la cocina, la cocinera nos invitaba. Cuando Fabián iba conmigo yo me despachaba, porque a él no le gustaba mucho el dulce. Para rematar, nos daban café, o si no tabacos para Fabián.

No calculo bien el tiempo que fui carbonero. Pero sí puedo decir que el mismo día que murió Fabián lo tasé todo. Vendí mulas, ajuares, carretón y colleras, y hasta doce sacos de carbón que tenía guardados. Fue así:

Ibamos por las calles Cuatro y Veintisiete,

cuando veo que Fabián me empieza a hablar con la lengua enredada. Pensé que se había tomado algunos coñaces por la noche y no le hice mucho caso. Ya él venía con los pies hinchados. No se bajaba casi del carretón ni le prestaba mucha atención al saldo del día. Todo lo hacía yo solo. Pero como jugaba y comía igual que siempre, no le di importancia. Cuando llegábamos a la misma esquina de Cuatro y Veintisiete, veo que se echa para atrás y apoya la cabeza sobre el borde del carretón. Le grité y no me contestó. Entonces lo cargamos un señor y yo y lo acostamos sobre los sacos. Yo no estaba seguro, porque decían que podía ser una embolia o un desmayo por el calor. Pero fue una paralización del corazón. Mandaron dinero de la Sociedad Gallega[13] y pagaron el entierro. Lo enterramos en el panteón de la misma Sociedad. Los que fueron, como Gundín, me decían que se me había muerto un padre. Era verdad. Yo nunca había llorado por nada, hasta ese día cuando llegué al cuarto y vi la boina de Fabián detrás de la puerta de la calle.

Con el padre de Gordomán, que salió para Vigo en el *Reina María Cristina*, le mandé quinientos pesos a mi abuelo. Fue como en octubre del diecinueve. Me quedé muy despejado. Había cumplido con mi deber. Mandé también cajitas de dulce de guayaba y un sombrero de pajilla. Fue lo que estuvo a mi alcance hacer, por la situación, que era negra. Liberales

---

[13] En 1871 se funda en La Habana la primera sociedad gallega de Cuba y América. Ya en estos años existían el Centro Gallego de La Habana, la sociedad Hijas de Galicia y la quinta La Benéfica, también para los gallegos y sus dependientes, aunque con entrada libre para asociados cubanos o naturales del país. Los centros de educación y sociedades de recreo también existían ya en La Habana y gozaban de un prestigio grande.

contra conservadores, y luego los veía uno en el mismo plato. Menocal y Gómez comían juntos en banquetes, se retrataban con mucha solemnidad, y el pueblo en la calle se creía que ellos eran enemigos. Los anarquistas eran los únicos que no andaban con cuentos. Estaban contra todo: contra el Estado, contra la disciplina, contra la policía, contra todo. Tenían bien retratados a los presidentes. En esos años yo simpatizaba con ellos de oídas. A pesar de que casi todos los principales eran gallegos. Estaban metidos en los sindicatos y en los gremios. Cuando me hice carpintero, los traté más de cerca.

Mi abuelo me contestó en seguida, muy contento. Para mí que él se creía que yo era ya un ricacho. Le escribí con mi letra de garabatos, prometiéndole que le mandaría más plata. Y que iba a empezar a dar dinero a la Sociedad Gallega para la escuela de la villa [14]. Diciéndole esto y oyéndome Dios. Resulta que un día voy por Monserrate y veo un billetero con el terminal doscientos veinticinco. A mí ese número me gusta, porque en la charada quiere decir piedra fina doble. Está mal que lo diga, pero yo era muy avispado y la charada me la aprendí en seguida. Además, el doscientos veinticinco era el número mío de suerte. El vigilante que me devolvió los zuecos aquella vez, en casa de Amargen, llevaba

---

[14] Los miembros de las sociedades regionales españolas en Cuba y en otros países de América aportaron mucho a la educación en sus respectivas tierras. Fundaron escuelas con fondos ahorrados para este fin. Hicieron obras de envergadura en el terreno social y tecnológico. Contribuyeron al alumbrado de muchas aldeas, al alcantarillado y a la salud pública. El Centro Gallego de La Habana se destacó por su amplia labor en este sentido. El gallego emigrante no abandonó del todo a su familia aldeana. Cuando estuvo a su alcance beneficiarlo económicamente, lo hizo siempre.

ese número en la chapa de la gorra. Me gané exactamente quinientos pesos. Bueno, lo que yo le había mandado a mi abuelo. Hay un dicho gallego que nunca se me ha olvidado; en español debe ser algo así como: «Al que bien practica una virtud, no le falta la salud.»

La salud no me faltó, pero el dinero sí. Me di al libertinaje por unos meses, me junté a una mujer sin escrúpulos y me quedé completamente desnudo. Viví por un tiempo de lo que me caía del cielo. No sabía si coger para la izquierda o para la derecha.

Me mudé para La Habana otras vez, a la calle Corrales, a casa de la amiga mía. Allí se hacían tamales para vender. El barrio entero iba y comía. Ella conseguía de todo. Me dio albergue porque se cogió conmigo, o no sé. La cosa es que me salvó la vida por unos meses.

No se puede jugar. El juego le pierde la cabeza a las personas. Yo lo perdí todo en la lotería y los bolos. Y eso que reuní bastante con el producto del carretón, la mula y el premio. Pero perdí todo en un santiamén. Librada me consiguió un puesto fregando los pisos de la Manzana de Gómez. Todavía hablaban allí de la muerte del dueño, el señor Andrés Gómez Mena, español él y millonario. Fregando pisos agachado oí yo la historia de aquel asesinato. Oí muchas cosas. Aquello era una pasa de transeúntes, un personal muy diverso. La Manzana de Gómez era el centro del comercio en La Habana. El la fabricó con dinero de los ingenios. Era muy engreído, como todos los ricos. Se creía un dios, vamos. Para él no había obreros. Vivía todavía en la esclavitud. Por eso lo hicieron polvo. Ahí ese cuento era el pan de cada día. Y habían pasado como dos o tres años. Cuentan que a él lo mató un relojero llamado Fernando Neugart. Por celos, porque Gómez Mena era un viejo verde.

Como era amigo de los presidentes, se creía que tenía Dios cogido por las barbas. La mujer del relojero era una valenciana muy bonita, pero decente cual más. Ella fue a pedirle un contrato a Gómez Mena para la joyería de su esposo a título de mujer de Neugart. Gómez Mena le dijo que fuera a la semana siguiente, y ella fue. Pero él la engañó como a un niño. El esposo tuvo que vender la joyería e irse a la Manzana de Gómez. El viejo la asedió y se le tiró encima una tarde en su oficina. Se llamaron a duelo Neugart y él, pero el viejo no contestaba los retos. Entonces Neugart salió a buscarlo armado con dos pistolas. Lo cogió cuando Gómez Mena cruzaba el Parque Central con un cura al lado. Cinco tiros le dio. El viejo corrió hasta el edificio, llenando todo el pavimento de sangre y con los brazos heridos colgándole. Vino a morir al día siguiente de asfixia del corazón. Por poco meten presa a la valenciana. Es que ella le había quitado las pistolas a su marido después que él disparó. El viejo murió con millones ya. La familia lo heredó todo. Pero los ricos son los ricos. A Chichón, que es como le decían a Gómez Mena, le levantaron una estatua en la propia Manzana de Gómez. Y el hijo, a los pocos meses, se sacó el premio gordo en la lotería de Madrid. Cogió seis millones de pesetas. A mí que no me digan; eso fue truco. De todas maneras, es mucha verdad que el que nace para tamal, del cielo le caen las hojas. Yo seguí jugando por años, pero más nunca me saqué un centavo.

Limpiar vidrieras y fregar pisos agachado era un oficio muy duro también. Tenía que hacerlo a las seis de la mañana. Después, a lo que se me pegara. Trabajaba a veces doce horas al día y más. Los tipógrafos hicieron una huelga de brazos caídos para procurarse la jornada de ocho horas. Yo me reía de eso. ¡Qué comerciante iba a reducir el tiempo! Pasaron los años y vi la jornada en carne y hueso. Menos mal, me dije.

Esa época mía de libertinaje, de aquí para allá, fue casi peor que un trabajo fijo. Tenía etapas vacías, muertas. Conocí a todo tipo de gente. Pero yo, en el fondo, era un mentecato. Ni de chulo servía. Yo era bajito, de nariz larga —ahora se ha reducido un poco—, de piernas zambas y ya con poco pelo. No tenía porte de chulo. Lo que me salvaba era que estaba bien despachado. Al menos eso. Por algo Librada se enamoró de mí y me daba comida y albergue de gratis. Nunca me gustó ir a los barrios de mujeres malas. Al principio tuve que ir bastante, si no reventaba, pero luego me retiré. Mucha puñalada, mucho robo, muchas enfermedades sanguíneas. Guajiritas llegadas del campo; el novio las traía y las explotaba. Se fueron esparramando por todos los muelles: San Isidro, Jesús María, y poco después Colón. Pagabas cincuenta centavos y entrabas con derecho a uno corto. Los jefes te retrataban bien de pies a cabeza a ver qué dabas tú. El tímido no era de bayuses. Las matronas esas ponían unos ojos que lo espantaban a uno. En Marqués González, por allá por el veinte, conocí como a seis húngaras muy entradas en años, pero bonitas. Yo he comido en mesa grande y en mesa chiquita. El único plato que no he podido probar es el de las chinas. Mezcladas con la raza negra, sí; son esas mulatas chinas trabaditas que saben a mantecado y no les caen los años.

Librada tenía algo de chino, aunque muy poco. Se le notaba nada más en los ojos. El pelo lo tenía rizado como la madre, pelo de estropajo de aluminio. Las dos vivían en complicidad. Cuando yo llegaba hablaban bajito. La vieja siempre me estaba pidiendo pesetas. No sé para qué, porque no salía nunca de la casa. Lo veía todo; era socarrona. Todos los días compraba una hoja de la lotería, el trece, el nueve o el diecisiete, que es un número que le gusta mucho a la raza de color, porque es el día en que nació San Lázaro. Aquí todo era con San Lázaro; hasta había dos lazaretos, uno en el Rincón y otro en Mariel. La casa de Librada estaba llena de santos. La primera vez que entré me pegué un susto. Y es que al lado de la puerta había una Santa Bárbara como nunca había yo visto nada. Era de mi tamaño, con el pelo negro natural y los ojos de piedras amarillas. Tenía una espada de madera que llegaba al piso; dentro había manzanas podridas y copitas de aguardiente. Luego estaban San Lázaro y toda la santa compaña. Hasta el bañito estaba lleno de escobitas, maíz tostado, ¡qué sé yo! A mí era el cuarto lo que me importaba, y la comida. Si me echaba colonia en el cubo del agua o la regaba por las esquinas tampoco me preocupaba. Todo el jaleo ese era muy de acá, cosas típicas del país. Yo lo que quería era dormir tranquilo y con el estómago lleno. Y como no tenía creencias, para mí era chino lo que se hablaba allí de religión. Cada vez que pasaba algo afuera, hacían reuniones y dictaminaban. Librada no me obligaba a nada, pero yo lo veía y lo oía todo. Me mezclé mucho con la raza negra. La mayor parte de las personas que iban allí eran negras y mulatas. La madre de Librada adivinaba con caracoles y era espiritista también. Era la principal. Se puede decir que a mí me tiraban a un lado. Yo no sabía de eso ni jota. Y, como gallego, siempre me ponían de mequetrefe, de tonto, de hazme reír. Ese era el gallego de esos años aquí [15].

---

[15] No hay duda que los cubanos sienten una gran simpatía y predilección por los gallegos, y tanto es así que no pierden ocasión de ridiculizarlos... Con el título de «La gallega en La Habana», publica *La Política Cómica,* en su último número, unos mamarrachos y unos ripios sin sal y de la más

Donde único valíamos un poco más que el negro era en el cubilete. El que venga y le diga ahora a los jóvenes que vino en traje, con dinero y que se instaló bien es un mentiroso. Los hay que despachaban alcohol en botellas y no tenían ni donde caerse muertos, y ahora cuentan que llegaron muy bien, que se pusieron a trabajar con el detallista tal y que a la semana compraron una bodega. Eso es falso. Son alardosos. El trabajo que se pasaba aquí daba para hacer una historia como la del abate José.

Yo sufrí casi todas las enfermedades. Era el trabajo. Me tenía que curar solo. Si me daba fiebre, a fregar pisos con la fiebre. Si me dolían los huesos con las gripes que me cogían, a fregar pisos. Si me salían panadizos, que aquí les dicen uñeros, pues a comprar ungüento *Monesia*. ¡Y cómo me salían! La potasa de esos años, marca *Sello Rojo,* me comía los dedos. De ahí que cogiera las infecciones fácilmente y me salieran los uñeros. A todo eso había que darle el pecho sin suspirar. Luego llegaba tarde a casa de Librada porque se me presentaba alguna otra cosa, como ir al despacho de algún almacenista a limpiar los cristales o fregar carros a mano limpia. En todo eso había cogioca. Cuando llegaba, estaban reunidos en el espiritismo o en alguna comelata, y todo era:

---

baja especie firmados con el pomposo nombre de Fontanills. Estos ripios sosos e indigestos quieren aparecer como una crítica, y resultan una desvergüenza y una ofensa hacia la mujer gallega... Si esas gallegas de «botijas exhuberantes», como dice el colega, andan no con lujo, pues su sueldo no se lo permite, sino con decencia, todo lo deben al fruto de su trabajo. ¿Que tienen novios? ¿Y acaso el que una joven tenga novio es motivo para que se la insulte con epítetos indecentes e insulsos?... Y sepa ese señor crítico «en ciernes» que esas gallegas de Betanzos son tan honradas y tan dignas de respeto como la más honrada hija de este cubano suelo. (José M. Lage. Galicia, 17 de mayo de 1916.)

—Llegó el galleguiri.

Tenía que reirme y entrar en la guasa.

Una noche llegué y vi una reunión muy seria. Unos decían que se había hundido un barco español, blanco y muy bonito, porque lo habían visto en puerto, llamado *Valbanera*. Fue en 1919. Otros decían que no, que el *Valbanera* estaba tratando de comunicarse con el Morro y tal. Se formó un jaleo enorme en toda la isla. El *Valbanera* fue un caso muy sonado. En esos días había pasado un ciclón fuerte por La Habana. Hubo ras de mar y vientos que volaron los troles de los tranvías, que levantaron las líneas y sacaron de raíz los árboles y «duros fríos». Los duros fríos eran los bancos de piedra, más fríos que el hielo, de los parques de La Habana. La calle Hornos se sumergió completa: casas, árboles, postes, coches. Ese mismo ciclón hizo que el *Valbanera* naufragara. Pero los espiritistas decían que recibían mensajes de los tripulantes. Inventaban todo ese cuento para engatusar a la gente. Sobre todo a los familiares de los que venían en el barco; pobrecitos, tan desconsolados como estaban. Por lo menos en una semana no hubo noticias del barco. Y todavía muchos se hacían ilusiones. Los rumores eran de todo tipo: que se había embarrancado, que había encallado, que estaba flotando... Nada de eso. El *Valbanera* se hundió muy profundo cerca de La Florida. Los cañoneros cubanos los salieron a buscar y regresaron sin pista. Que no traía suficiente carbón, que las máquinas eran viejas y estaban descompuestas, que el práctico no le dio entrada en puerto cuando debía, que el capitán era un imberbe, ¡qué sé yo! En esos días se hablaba más del *Valbanera* que de Menocal. En casa de Librada no aclararon nada. El *Valbanera* se hundió con cuatrocientos y pico pasajeros a bordo. Dejó de emitir señales a la estación del Morro y se esfumó. Librada y la madre cogieron muchos pesos con el cuento de que el *Valbanera* estaba dando señales de vida. Los familiares, casi todos gallegos, iban ahí a averiguar. Yo les decía que fueran a la Cruz Roja o a la policía y que no comieran más gofio. Pero la gente, cuando está desesperada, cae en el vacío. Yo no, yo soy de los que espero por el tiempo. Los buzos no encontraron cadáveres; mucha peste de la popa sí, y el casco blanco un poco averiado. Un buzo subió y dijo:

—Es el *Valbanera,* lo leí en la proa.

Y se fue al piso todo el espiritismo. A ese buzo lo premiaron. El contó cómo los tiburones rondaban la popa y no los dejaban trabajar. Son guapos los buzos. El periódico se dedicó a eso durante un mes, creo yo. Le dieron todo el mérito a los americanos. El *Valbanera* apareció gracias a los buzos de ellos y a sus barcos. La historia más triste de este naufragio fue la del pasajero que se bajó en Santiago de Cuba para coger un tren y llegar más rápido a la capital. Lo que él quería era comprar una casa e instalar a la mujer y las dos hijas, que se quedaron en el barco y murieron en el naufragio. El hombre andaba loco por las calles; llegaba al Malecón, peludo y barbudo, y decía que él tenía que pescar al *Valbanera* porque ahí venían su mujer y sus dos hijas. Daba lástima verlo. Si me matan, no sé quién la inventó, pero había una décima por lo del *Valbanera.* Me parece que fue la ocurrencia de un gallego para joder la pava. La gente la recitaba en los cafés. Era más o menos así:

Ya en Cuba no hay alegría
la mar tempestuosa y fiera
se ha tragado al *Valbanera*
cuando de España volvía.
Yo no sé si es de porfía

lo que voy a confesar
pero si vuelvo algún día
no quiero que sea por mar,
yo quiero para llegar
que me lleven en tranvía.

Concha, la bollera, era la madre de Librada. Buena cocinera, muy simpática, pero muy supersticiosa. Había tenido su pasado malo y ahora se dedicaba a vender para la calle lo que cocinaba ahí: bollitos de carita, tamales, como ya dije, boniatillo, cusubé, arroz con leche; bueno, de todo un poco. Hasta muñeta frita me hacía la vieja. Allí conocí al chulo cubano que iba al registro religioso y a conversar con Concha de la vida. Concha les daba vueltas a todos ellos juntos. Yo me limitaba a bien oir. Concha se les burlaba en sus caras. Pero por lo que yo oía, el chulo español era más bicho que el cubano. El cubano era un chulo muy alardoso. El español, según me había contado Fabián, era un chulo más cazurro, las mataba callando. Es que en Cuba todo se volvía agua y sal. El chulo, pienso para mí, debe castigar a la hembra en silencio. El chulo cubano era muy bocón y engreído. Un publicitario. Por eso las mujeres les daban más vueltas que a un tío vivo. Se llamaban chulos ellos mismos; se vestían de chulos; eran un teatro en las calles. Contaban que tenían hasta doce mujeres y que todas les daban plata. Historias muy fantásticas. Eran calcañal de aura.

Las mujeres en esos años estaban regaladas. Les decían a un gallego:

—Gallego, qué feo tú eres, qué cabezón.

O el dicharacho aquel de que los gallegos no se bañan ni con agua de carabaña. Pero caían en el jamo. El dinero estaba perdido, eran años duros y ellas tenían que comer y llevar a sus hermanos. Eso se llamaba pelear el bocado. Venían y te decían:

—Mira, gallego, si me pagas un bistec con pan y me compras un *eskimo pie* te acompaño a dar una vueltecita por el Malecón.

Entonces aquel calor, madre mía, aquellas calles hirviendo, te daban un sopor que si no tomabas algo frío te morías. El *eskimo pie* fue un alivio que trajeron aquí los polacos.

Librada y la madre me saquearon bastante. Casi todo lo que yo ganaba lo daba ahí. Librada me tenía muy a gusto, hasta un día que descubro el misterio.

—Manuel —me dice—, ¿qué te parece si tú y yo nos casamos?

Le dije que estaba loca, que yo quería una mujer señorita. Nunca le mencioné a Casimira para nada. Creo que quedé ante ella como hombre de ley. Librada había conocido albañiles, afiladores, gaiteros, todos gallegos. Y yo lo sabía. Así y todo, seguimos. Andando el tiempo, me estoy tomando un laguer en *La Casa Azul,* con Gordomán y Perico el Palo, que ya me iba cogiendo envidia, cuando me dice que él había sido marido de Librada. Perico era de Regla y le llamaban El Palo, porque alardeaba de eso. Me pagó el trago, cosa que no me gustó, porque quería decir que algo venía detrás, cuando lanzó, así, de sopetón, que Librada le había dicho que yo era su marido oficial y que nos íbamos a casar pronto. También me dijo que ella se burlaba de lo mío, que le llamaba el dedal; en fin, me quiso coger de monigote. Yo le seguía la corriente a Perico, me hice el bobo. Pero tragando el último buche de laguer y apareciéndome en casa de Librada fue lo mismo.

—Gallego, ¿qué te pasa? —me preguntó la Concha.

—Vengo a decirle a su hija que no me va a ver el pelo más nunca. Se acabó el pan de piquitos aquí

—Pero, gallego, no hagas caso a lo que te dicen por ahí. Te hice muñeta frita...

Librada se iba a esconder, pero no pudo, porque la madrina le estaba curando unas verrugas que le habían salido en el cuello. El cuarto olía a carne quemada. Yo la caché de reojo. Estaba sentada en una silla con los algodones en las verrugas. Lo único que sentí es que ella me gustaba y que iba a extrañar las comidas. Si no se hubiera soltado la lengua con el Perico ese, quién sabe qué. El era uno de esos chulos de pacotilla de que yo hablaba. Por eso les tomé tanta rabia a esos tipos, que ni comían ni dejaban comer. El asturiano, dueño de *La Casa Azul,* si sabía lo que era la calle. Vivía en un barrio de mujeres de la vida y decía que el chulo cubano no pisaba ni la uva. Claro, él era un exagerado y, como viejo cascarrabias, hasta un poco envidioso. Todo el mundo sabía que su mujer se revolcaba en los sacos de arroz con Pastorcito, el sobrino que él mando a buscar de la península cuando el cambio de la moneda. Pero, con todo, no dejaba de tener su razón. Chulos, decía él, los de España.

En resumidas cuentas, me quedé en la calle. Otra vez con el bulto de ropa en el hombro y a buscar casa y trabajo. Esta vez llevaba un poco más de dinero, porque me quité del juego de la lotería, y los bolos eran más económicos: muy poco se perdía, y era entre nosotros. Ni Gundín, ni Constantino, ni Gordomán, ninguno permitía que el otro se fuera totalmente en ruina.

Fui a ver a Gundín y me dijo lo mismo.

—Manuel, no hay obra.

Me cayó un jarro de agua fría arriba.

—¡Hostia! —fue lo único que me salió.

Ya era el año veinte. Aquí no se hablaba más que de huelgas, bombas como la de Caruso, el tenor, y elecciones. Pasé unas cuantas semanas que ni fu ni fa. Harina y agua. De vez en cuando un dulcecito y durmiendo en una accesoria para hombres solos, donde tenía que meter el dinero en los zapatos y dormir con ellos puestos. La Habana me trataba peor que a un pirata. Pero seguía conociendo gente. Conocí a la mujer de Veloz, que era una curra muy jaranera. Allí iba yo a pegar la gorra de vez en vez. Con la hermana más joven tuve algo más tarde. Y conocí a Manuela. Manuela era un caso raro. A esa casa nada más que se iba a comer. Era una casona vieja en la calle Esperanza. El verdadero relajo estaba en el último cuarto. El hermano de Manuela era estibador y tenía más o menos mis años. Todo el mundo iba allá a remediar el hambre con harina huérfana. Esa no faltaba. Manuela tenía las quijadas anchas. Parecían unas cuñas metidas a la fuerza en la boca. Cocinaba en casa de un rico, dueño de un tejar en el pueblo de Calabazar. Era un viejo socarrón. La tenía cogida con el hermano de Manuela. Cada vez que ella faltaba al trabajo, él lo ponía como un bombín. Pero a ella ni esta boca es mía. Todo era con el hermano. Hasta que se descubrió que ella le sabía al viejo del pi al pa: cartas mal jugadas, sobornos a los aduaneros, queridas, drogas, etc. Nadie como Manuela para ser discreta; nunca habló, la pobre, y todos los que íbamos allí a matar el hambre sabíamos bien que esa harina y ese café venían de allá. Por algo ella podía alimentar a tanta gente de Jesús María de gratis y sin intereses posteriores. Le gustaba el migajón de pan, porque era piola. Todos los que íbamos allí éramos blancos peninsulares. Ella era un *alma mater* negra. Querida por todos y bien atendida en lo personal por su sexo. Pero ahora viene el asunto que nos cogió a todos de sopetón. Una noche me va a buscar un amigo al muelle. A mí me gustaba sentarme en el muro a conversar y a coger fresco. El aire del muelle es muy sano y el olor a mar es lo más sabroso que hay.

—Manuel, la casa de Manuela está cerrada, ¿qué pasa allí?

Aquella casa vivía de puertas abiertas. Pero, en efecto, llego y veo que todo estaba cerrado. Toco, llamo y nada.

—¡Qué coño pasa! ¡Qué coño pasa!

Y pegué a gritar:

—¡Manuela, soy yo!

La cuadra empezó a sacar el hocico. Nadie había visto a Manuela ese día. El candado no estaba colocado afuera tampoco. Como yo era flaco y liviano, me empiné por la claraboya de la puerta de su cuarto, rompí un cartón que había en lugar del cristal y caí de cabeza entre la cama y una silla. Vi a Manuela tirada allí, junto al cesto de la ropa sucia, con la cabeza hacia arriba, los ojos abiertos, que parecían de pescado, y la boca llena de hormigas. No grité, pero poco me faltó. Mi hombría me controló. Estuve un poco mudo por minutos. Me llamaban desde afuera y yo no podía contestar. No podía casi moverme. Estaba atrabancado de pies y manos, con la barbilla paralizada.

A mi entender, los vecinos sospechaban algo, pero no querían hablar, porque ella era de sus amigos nada más. El silencio de todos cuando yo salí fue total. El amigo mío y yo fuimos a buscar al hermano de Manuela.

—Moro, han liquidado a tu hermano. Un crimen, Moro, te lo tenía que decir.

El echó a correr por todo Prado. Nosotros

detrás, muy perplejos. El Moro parecía un demonio sin amarras. Cuando llegamos, ya estaba allí la policía del barrio. Me interrogaron con las preguntas más estúpidas, como si yo hubiera sido el verdugo de aquel muerto. Si yo digo que lo que yo he visto en la tierra no lo veré en el infierno. Me llevaron por haber violado la ventana. Estuve detrás de los barrotes con otros amigos de Manuela que fueron llegando: el de la quincalla *El Sortilegio,* Evaristo, el carnicero, Gordomán, el pobre, padre de familia y todo. Y la madre de Manuela, que era una negraza de pelo en pecho, que no lloró, y lo único que dijo fue que su hija era decente como la que más. Después, cuando vio el cadáver de Manuela, se desahogó:

—¡Virgen de Regla, te la llevaste para que no siguiera en el pecado!

Manuela no era de la vida. Era una mujer alegre. Le daba de comer a sus amigos, hacía cuentos picantes, bailaba la rumba, nada más. Allí iba uno al solaz, a divertirse de lo lindo.

El viejo la mandó a matar porque se descubrió que ella le iba contando vida y milagros a un guardián de la demarcación llamado Vicente, que decían que era el marido de ella. El viejo mandó a que la degollaran allí mismo, en horas del día.

—¿Usted la conocía?
—Sí.
—¿Cuándo la conoció?
—Unos meses atrás.
—¿Qué iba a hacer a esa casa?
—Oir cuentos y comer gratis.
—¿Qué más?
—Más nada, señor juez. Yo soy un hombre de ley.

A los pocos meses pasé por el tejar y vi al viejo sentado en la puerta, con su panza y su tabaco, ajeno a todo. Yo lo miré bien y dije para adentro de mí: «¡Caramba, qué chiquito es el mundo; si este viejo supiera lo que yo sé de él, no estaría echando esas bocanadas!» Pero es así, los pobres abajo expiando las culpas y los ricos mirando la tragedia del mundo pasar, como si con ellos no fuera.

La harina más sabrosa que he comido en La Habana, huérfana y todo, la comí yo en casa de la Manuela aquella.

Seguí dando tumbos. Gundín me dio mucho aliento. Puedo decir que fue mi mejor amigo. Nunca le pedí más de cinco pesos. Y siempre se los devolví, como a José Martínez Gordomán.

Yo no sé por qué a los gallegos nos crearon tan mala fama. Sobre todo de brutos y de cicateros. Bien, ¿y dónde me dejan al curro? Eso de la fama es falso todo, pero el curro es cabeciduro verdad y hace curradas que le cuestan la vida. Yo conozco muchos cuentos de curros con negros. El gallego ha sido muy burlado, pero el negro ha sido más discriminado, que es mucho peor.

Este es el curro que tenía tanta hambre que mandó a su hijos a robarse yuca de un yucal. Los hijos vinieron cargados con sacos. Prepararon un calderón enorme de yuca, donde el curro se sienta a la mesa y empieza come que te come y come que te come. A la media hora, uno de los hijos le dice:

—Oiga, papá, que se nos va a atragantar.

Y el viejo no le pudo contestar, porque tenía todo el cuello almidonado por dentro y no lo podía mover.

Y éste es el curro que se muere y va camino al cielo. Llega y ve a San Pedro muy orondo en la puerta, entre ángeles y nubes.

—Curro, aquí se entra a caballo —le dice San Pedro.

De regreso a la tierra, el curro, que es muy bruto, se encuentra con un negro:

—Negro, no se puede entrar si no es a caballo. Tengo una idea: entraremos los dos. Me monto yo sobre tu espalda y así te favorezco.

El curro y el negro emprendieron el camino. Y cuando llegaron, el mismo San Pedro, tan orondo, le pregunta al curro:

—¿Cómo vienes, a pie o a caballo?
—A caballo —le contesta.
—Bien, pero me dejas ese caballo afuera y entra tú.

Ese es el verdadero discriminado. Al fin y al cabo, el curro entró, ¿no?

Curros había muchos aquí Eran muy buenos trabajadores, pero tenían el defecto de la bebida. Se tomaban cajas enteras de Tropical negra. Yo conocí a uno llamado Benito Gorvea, bebedor profesional. Se sentaba debajo de una mata de mamoncillos que había en La Tropical y compartía con otros, curros y gallegos, pero él siempre salía invicto. Se tomaba hasta treinta cervezas en una tarde. Y así mismo se levantaba casi de madrugada, a fabricar churros con su mujer. Los hacía y los vendía. Era un churrero muy popular en La Habana. Toda esa familia era de curros. Gorvea estaba casado con una hermana de la mujer de Constantino Veloz, un poco patizamba ella. Eran cuatro hermanas, y la menor estuvo en trances conmigo por esa época. Yo me tenía que agarrar al primer salvavidas. La curra no era fea, aunque se llamaba Leoncia. Me lo hacía todo. Un día me dijo:

—Quédate a vivir conmigo, apretados, pero felices.

Me quedé para probar. Teníamos el último cuarto de una casa vieja en la calle Escobar, cerca del Malecón. Benito era el jefe de la familia. Se emborrachaba como una bota, pero era recto y muy trabajador. Para mí todo era nuevo. Nunca había vivido yo con una familia curra. Puedo decir que es muy divertido, pero hay que doblar el lomo. Como eran tres hermanas que vivían juntas, todas hacían algo distinto: churros, plumeros de pita, agarraderas, paños de mesa, escobas y escobillones. Era un taller a todo tren en plena Habana. Tenía las piernas duras de tanto caminar y eso era mejor mil veces que seguir fregando pisos o limpiar las oficinas de los magnates esos, cicateros y engreídos. No era muy común ver a un español de escobero. Yo ni pregonaba. Iba al segurete. Como no me paraba tanto a hablar boberías en las esquinas ni a comer bollitos de carita en los puestos de chinos, vendía más que cualquier nativo. Las escobas de Leoncia eran de un millo muy bueno, todo era calidad. Se vendían a cuarenta centavos, y los plumeros a real. Las caminatas eran un dolor de cabeza. Llegaba yo a la casa peor que un moro desvencijado. No tenía respiro. Lo que hacía era tomar agua o limonada y tirarme a descansar. Muchas veces metía los pies en agua caliente, y así mismo me dormía, con ellos dentro del cubo. A mí me comparaban con un negro vendedor de periódicos que salía de La Discusión a las seis de la mañana y caminaba toda la ciudad, desde La Habana vieja hasta el Cerro. Le decían «Caballito del diablo», porque volaba por las calles. Igual era yo. Pero conmigo nadie se metía. Le quité el negocio a muchos. Era mi agilidad y la calidad del producto. Además, los gallegos en el negocio siempre fuimos respetados por serios y cumplidores. Decir una sirvienta gallega era como decir una jefa de plantel. Seguridad y confianza. Lo mismo con uno. El cubano te jode, pero sabe lo que vale de verdad. Tiene ojo de lince para eso.

Yo salía de Escobar a las siete de la mañana. Cuando llegaba a La Habana vieja ya eran las diez, más o menos. Me comía una «cajita premiada» a esa hora. Para aclarar: las «cajitas premiadas» eran frituras de bacalao con boniatos fritos, deliciosas. Levantaban a un muerto. Si no, unos pitos de auxilio hechos de harina dulce y en forma de croquetas. Todo eso valía poco. Era comida de pobres, pero muy nutricias. El mismo Kid Chocolate, antes de ser quien fue, iba allí, al *Paño de Lágrimas,* en Aguacate y Virtudes, y se comía dos o tres cajitas, algunos bollitos y a vender. Él vendía *La Discusión,* el periódico más popular, para mí, de esos años. Los chinos, cuando él ganó el campeonato mundial, pusieron un letrero en el puesto que decía:

«Aquí, Kid Chocolate.»

Había que tener la vesícula de plomo para comer con toda esa grasa y salir ileso. Pero el gallego, por necesidad, tenía que fabricarse de plomo todos los componentes de la barriga. Tanto es así que Steinhardt [16], el dueño de los tranvías, millonario de verdad, iba a ver a los gallegos trabajar en el arreglo de las líneas y decía:

---

[16] Frank Maximilian Steinhardt (1864-1938) nació en Munich; de origen hebreo, emigró a Estados Unidos, donde se alistó en el ejército en 1882 y sirvió bajo los generales Brooke y Sheridan en la División de Missouri, siendo destacada su actuación como cochero de este último general. Transferido a Cuba, sirvió en la administración militar como sargento hasta el 20 de mayo de 1902. Fue nombrado cónsul general, cargo que ocupó hasta 1907. Adquirió la Havana Electric Railways mediante un préstamo del arzobispo de Nueva York. Llegó a ser presidente de la Havana Electric and Utilities Company, de la Cervecería Polar y otras empresas.

—Me cago en Dios, estos gallegos comiendo pan con sardina a las doce del día, con este sol que abrasa, y yo jodido del estómago. Cambiaría mi fortuna por poder hacer lo mismo.

Steinhardt se murió de un ataque al hígado. Por ahí hay un dicho que dice que al que Dios se lo dio, San Pedro se lo bendiga. Y nosotros tenemos un estómago privilegiado. Ya cumplí ochenta años el 3 de marzo y todavía me puedo comer un caldo gallego a las doce de la noche y tirarme en la cama a dormir a piernas sueltas.

Hablaba de la curra, pues. Leoncia era una buena perla. Aquella casa era una olla de grillos. Benito ordenaba y ellas mandaban. ¿Cómo se explica eso? Cuando él salía a vender churros, ellas hacían todo lo contrario de lo que él decía, empezando por la zamba. Como hermanas, se llevaban demasiado bien. Se contaban todo lo de unas y otras. Y ahí empezaron los piques con los maridos. Ellas muy bien, pero ellos fajados por los chismes de ellas. Un día hay que pintar la casa, porque se descascaraba por horas. Entonces yo le digo a Leoncia:

—Yo pinto una parte y Benito la otra.

Pero qué va. Angelita enseguida ripostó:

—Benito pinta en un abrir y cerrar de ojos. El es quien tiene que hacerlo en esta casa.

Como no había para otra cosa, compramos lechada. La lechada es más fría que un invierno en Galicia. Benito era un mulo de verdad. Luego dicen que los gallegos.

—¿De dónde son los curros? —le preguntaban para picarlo—. ¿Y saben lo que él contestaba?

—¡De Currá!

Le daba cuatro vueltas a cualquiera. Conmigo nunca se metió. Nada más nos veíamos por las noches, y los domingos nos reuníamos con Veloz y Gundín a jugar dominó allí, en Escobar.

Pero era terco. No se le podía aconsejar. El decía que lo que hacía estaba pensado y calculado. Y que yo era un mequetrefe.

Cuando vi los cubos de lechada fría cogí pánico. Yo sabía que en estos climas de cambios bruscos una pulmonía la agarraba cualquiera. Pero como a él no se le podía decir nada, me coloqué un tapón en la boca. Fue un domingo. Angelita se lo puso todo a mano: una barra de pan, una botella de Rioja, la brocha y los cubos de la lechada. Pero ese día Benito no andaba bien. Tenía mocos en las narices, como si tuviera un catarro dormido de esos. No dijo nada por terco.

—Benito, usted estornuda mucho. La lechada es fría; deje eso para otro día.

—Mi marido sabe lo que hace, Manuel.

Entonces yo me puse a doblar sogas con Leoncia y dejé eso a la buena de Dios. Angela le alcanzaba el cubo a la escalera, y él daba brochazos de salvaje, como que se oían en el último cuarto. Todo por alarde, claro. A las tres o cuatro horas, Benito bajó de aquellas escaleras pálido y temblando de frío. ¡Con el calor que había! Se tomó un vaso de vino y se comió casi toda la flauta de pan. Empezó a inflarse como un globo. Luego se dio una ducha fría, y de blanco para morado. La curra no hacía más que repetir:

—Se le pasa, hombre, se le pasa.

Pero no se le pasó. Benito se quedó allí mismo, sin tos ni nada. Cogió un resfriado de pies a cabeza que lo llevó directo al cementerio. La curra gritaba:

—¡Benito, despierta!

Pero Benito no cerró los ojos hasta que yo mismo se los cerré. Esa es una de las curradas que viví yo, de los curros que conocí. El gallego la piensa más. Yo digo que el curro, por no dar su brazo a torcer...

Con Leoncia no duré mucho. Fueron razones muy justificadas. Angela se quedó de dueña de casa. Era una tiranía total. Quería que yo vendiera churros, pero me negué. Entonces llamó a un muchacho y le dio el tablero. El negocio siguió, pero en decadencia. La ciudad esta se iba poniendo de mal en peor, no se vendía nada. Para colmo, me cayó un tablón en un pie y me quedé un poco cojo para toda mi vida. La culpa fue mía por no querer enyesármelo. Caminé con las escobas aquellas al hombro y el pie que era una berenjena. Se me quedó así meses, de ahí la cojera.

Leoncia estaba muy quisquillosa ya. Yo llegaba molido, y ella:

—Manuel, a comer.

A mí se me cerraban los ojos.

—Manuel, el agua está caliente, báñate ya.

¡Qué baño ni qué baño! Yo estaba rendido y lo que quería era tirarme en la colchoneta y dormir, sucio y como fuera. Leoncia me tenía ya hasta la coronilla. Pero también me gustaba. Y cocinaba bien. Me lo hacía todo. El mismo día que tomó posesión Zayas, me encontré en Prado, cerca del Campo de Marte, con Conrado, el hijo de Antonia Cillero. Yo no lo había visto mucho. Le agradecía lo que había hecho por mí, pero no tenía tiempo de llegarme al Polvorín o de coger el tranvía para Buenavista. Cuando lo vi, muy desmejorado por cierto, me gritó:

—¡Con las glorias...!

—¡Qué glorias ni qué niño muerto! ¿No ves que estoy con el bacalao a cuestas?

Yo llevaba como seis escobas para vender. La racha peor que tuve. No se vendía nada, no había obra de peón, nada. Estábamos en un aprieto muy serio, ni los trenes funcionaban. Todo eran huelgas de transporte y de estibadores.

—¿Y esa cojera?

—Nada, un tablón.

—Gallego, hazte un pase.

La brujería no arreglaba ni un carajo. Pero éstos creían en eso. La curra igual. Soñaba con el diablo, con curas que se aparecían a gozar con ella en la cama, con brujas desdentadas. Ya me tenía hasta la coronilla.

Le conté a Conrado lo que había hecho. Me prometió un trabajo de estibador, pero yo sabía que era un cuento de camino. Para lo que él había progresado, qué me iba a ofrecer a mí. Vivía igual, en aquella pocilga, aunque la húngara se había muerto y él se lo tenía que hacer todo. Prometer quien estaba más arruinado que yo.

—Menos mal que todavía tienes trabajo.

—Porque soy un burro de carga, Manuel.

Me dio pena con él y lo llevé a mi casa para que conociera a Leoncia y comiera algo conmigo. Después de todo, el primer bistec que yo probé en La Habana me lo pagó él.

Cogimos el tranvía como a las tres de la tarde. Nos bajamos en San Lázaro. Y cuando llego a la casa, lo primero que me pregunta Leoncia es que por qué no había vendido ni una escoba. La tuve que mandar a freír tusas. Hacerle eso a un hombre delante de un amigo es peor que mentarle la madre.

Conrado y ella se entendieron bien. Empezaron con la jana, los chistes y las miradas. Yo me hice el bobo.

—Mira, Leoncia, éste fue el que me pagó a mí la primera comida en Cuba.

La hermana de Leoncia no dijo ni esta boca es mía. Era una rígida. Viuda, joven y muy ordenadora.

Parece que no le gustó que yo me apareciera con una visita. A mí, ni fu ni fa. Conrado empezó a venir los domingos a jugar dominó. El se bebía las botellas de aguardiente como agua. Leoncia le reía todas las gracias. Sobre todo el cuento del curro, que él lo hacía cada vez que estaba en tragos.

Era un curro muy mal agradecido. Había dejado a su madre en Cádiz para buscar trabajo en La Habana. Lo encontró porque era un curro con suerte. Ganó plata y le vino a comprar una cotorra a su madre. ¡Vaya regalo!, ¿no? La cotorra era vieja y pelona, y es que al curro lo tupen con todo y su maldad. A éste lo tupieron en grande. La cotorra hablaba como una trastornada. Chillaba día y noche. Para rematar, la cotorra, desde que llegó a la aldea, se puso con aquello de: «Tu madre, cabrón», y cosas por el estilo.

La madre, al poco tiempo, le mandó una carta al hijo, donde le decía:

> «Mi hijo, el pajarraco ese que me mandaste de Cuba era un cochino. Cagaba semillas de pepino por toda la casa, y no hacía más que entrar por esa puerta tu señor padre y él le gritaba: 'Tu madre, cabrón.' Yo lo siento mucho porque era coloreado, pero tu padre le torció el pescuezo una noche y se acabó.»

Conrado se ganó la simpatía de los que iban a jugar allí. El cubano siempre ha caído bien entre los españoles. Pero el dominó es un juego que exalta los ánimos. Y una tarde Gundín y Conrado se fueron a los puños. Gundín lo tiró al suelo. Y yo vi cuando Leoncia corrió a socorrerlo. Eso no me olió bien, pero me dije: «¡Coño, Manuel, mira que tú eres mal pensado!»

Los dos socorrimos a Conrado. Pero no hubo

paz más nunca. Ese mismo día, después que Conrado se fue con la golpiza, Gundín me llamó aparte.

—Manuel, es muy feo que a un hombre le estén cascando a la mujer. Conrado y Leoncia...

La verdad que me quedé tieso. Gundín era amigo mío de atrás. Y Conrado, la verdad, no era más que un tahur. Yo lo sé bien, pero no lo puedo decir todo.

No volvió más a la casa. Leoncia se puso enferma de los nervios. Todo le molestaba. Ya no quería nada conmigo. Llegaba yo con las escobas, y lo mismo le daba, como si viera a un extraño. El que notó la barriga fui yo. Ella no me había dicho nada. Me entró la duda porque Gundín me metió eso en la cabeza. Le dije que ese hijo no era mío, que yo no le daba el nombre. Ahí fue donde me quiso botar de la casa llorando y maldiciendo. La perdoné, porque una cosa es la que se dice y otra cosa es la que se es. Pero cuando nació, era cagado a ella. No se parecía a mí en nada. Sin embargo, era prieto, de carne quemada, como Conrado. Le dije:

—Leoncia, ese hijo no es mío.

—Piensa lo que quieras —me contestó.

Angela fue la que me botó de la casa. Decía que allí no hacían falta hombres. A mí se me formó un nido de alacranes en la cabeza. Me tuve que ir. De las curras no supe más nada. Ni siquiera el nombre que le dieron al niño. Fue la segunda de quinto que pagué en esta isla.

Me entraban una jaquecas muy fuertes en esa época. Yo no me acostumbraba al sol. Y no me gustaban las boinas. Alquilé una accesoria en el Vedado con lo que llevaba en el bolsillo. Era en Efe y Diecisiete. Vendí globos en las ferias de Palatino, dulces: malarrabias, motoristas, alegrías de coco... Dulces cubanos de una dulcería de mulatos. Muy buenos dulces. Yo los llevaba a las romerías que hacían los gallegos, y los niños me compraban. Allí, más que el dulce, lo que se comía era la empanada gellega. Freían buñuelos y churros, pero el plato fuerte era la empanada gallega.

En las romerías conocí muchos peninsulares. Aunque yo iba por abajo, vamos, que no era de la clase comerciante. Yo estaba siempre entre los que iban a buscarse la comida. No bailaba muñeiras, ni cantaba alalás, ni nada que se le parezca. Gordomán y los niños sí que no se perdían una sola romería. Ganaban plata, porque él era el mejor gaitero que había en La Habana. Pero nunca me pudo ayudar en nada. Decía que yo era un trotamundos, y tenía razón. Yo he sido siempre muy individual. Ahora mismo me siento en el parque de la calle Paseo y se posa uno al lado y ya me molesto. Ahora, con los amigos soy hablantín.

Como vivía cerca de Gundín, me le presentaba allí todas las tardes. Bajaba Paseo y en un abrir y cerrar de ojos estaba en la casona aquella. El ya era dueño y señor ahí, por los contactos que tenía y porque sabía ponerle el cascabel al gato. Era electricista, jardinero, chófer, ¡un mundo!

Una tarde llego allí con una jaqueca espantosa y le digo muy cabrón:

—¡Fíjate, Gundín, tiene que haber obra!

—Tú estás loco, Manuel, eso no es así. Veremos.

Me fui. Y al día siguiente se me apareció Gundín en el Ford verde y me dijo:

—Deja los dulces, que hay obra.

Yo tenía una idea fija con lo de la obra. Y se me dio. Los dulces no daban ni para pagar un cinematógrafo a la semana. Mucho menos para una partida de bolos. Con el primer sueldo de peón de albañil, pues por ahí entré en el giro, me pagué el cine.

Voy a contar lo que pasó desde que entré en él. Tiraban una película de guerra y de patriotismo. Se llamaba *El rescate del Brigadier Sanguily*. Y la exhibía el circo Santos y Artigas. Hasta el presidente Mario Menocal le había dado el visto bueno en su Gobierno. Era una gran película. Todo se veía clarito, aunque muy rápido. Las figuras parecía que iban volando, y no a trote de caballo. Era un movimiento muy agitado de cabezas y piernas. Salimos de allí mareados Gundín y yo. El hasta se impresionó un poco con los tiros. No se oían, porque todo era mudo, pero veía el humo. Y como disparaban hacia las lunetas... Era una cosa fantástica ver el polvo de las calles de cocó que se levantaban cubriendo la pantalla. Y los sombreros de los jinetes por el aire. Todo allí, sin salirse del marco.

Más tarde vi otras de aventuras, de amores, como las del cine Campoamor y Olimpic, y también de patriotas cubanos contra los oficiales y quintos recién llegados. Exageraban un poco, porque siempre ganaban los cubanos con la carga al machete. Pero el cine es fantasías, como los libros. El cine es el libro del porvenir, digo yo.

Lo más cómico que vi en un cine fue lo de la gallega de los Méndez Capote; una familia amiga de los Conill y de los Hevia, todas del Vedado. La gallega se llamaba Vicenta. Yo la conocía bien. Era una gallega graciosa, pero muy asustadiza. Siempre llevaba las manos en los bolsillos del uniforme de sirvienta. Y no quería hablar con nadie. Soñaba con volver a ver a su madre en Lugo. No sé a quién se le ocurrió llevarla al cinematógrafo. Pero me acuerdo que yo estaba sentado unas filas detrás, y de pronto veo que cae un aguacero torrencial en la película. No se veían las diligencias. El agua lo cubría todo en la pantalla. Los caballos se refugiaron en los establos y debajo de los árboles. Cuando, sin esperarlo nadie, se oye la voz de Vicenta, que le dice a la otra que tenía al lado:

—¡Corre, Manuela, que dejé todas las ventanas abiertas!

El griterío que se formó en el cine fue muy sonado: carcajadas, palmadas, rechiflas, el diablo y la vela.

Muy cierto es que el cine es un espectáculo imponente. Pero yo prefería el teatro. Cuando se podía, claro está. El teatro de los gallegos en Cuba era el Alhambra. Aunque yo frecuentaba mucho uno que había en Monserrate: el Actualidades. Allí se ponían sainetes muy picantes. La mejicana más linda que he visto en mi vida trabajó allí de tiple. Era rubia auténtica, cosa rara etre las mejicanas. El teatrico era económico, pero muy caluroso. Todo el que podía prefería Alhambra mil veces. Pero para un peón de albañil, hasta Alhambra era un lujo. A pesar de que las tandas costaban a real. En ese interin de mi vida me lo rumbeaba todo. Ya me estaba aplatanando, si no me cogía la pelona. En Cuba uno no puede decir que no a nada. Si te dicen:

—Gallego, vamos a darnos un trago, di que sí.

—Vamos a San Isidro. También di que sí. Aunque luego te escabullas por ahí. Pero aquí había peninsulares que traían sus costumbres y se metían en una concha. Fue un error, caían pesados. Lo mejor era decir que sí a todo y luego salirse uno con la suya. Para un trabajador como yo, que vivía para comer, lo mejor era guardar algo para el porvenir.

Nunca desistí de volver a Pontevedra. Esa era una idea fija en mí. Quería volver a ver a mis abuelos, a mi hermana, a mis sobrinos, que no conocía. Era el sueño de todo peninsular. Lo demás es cuento. El que no volvió fue porque no hizo dinero o lo hizo y creó una familia. Y la familia hala más que una yunta de bueyes.

Además, aquí todo costaba. No era como en mi aldea. Aquí las flores para los muertos valían un ojo de la cara. En Arnosa, uno iba a una ría, cogía un puñado de margaritas y cumplía con el muerto. Las margaritas se dan allá como se da aquí el romerillo. Nunca fui jardinero, pero sé de flores, porque Gundín y Paco Castaña, el isleño, me enseñaron.

En Arnosa uno oía un bombo o unas panderetas en cualquier campo de fiesta y lo dejaba todo, vacas, centeno, lo que fuera, y se iba a divertir. El rebumbio cubano era tal, con el lío de las horas contadas y los días, que no se podía mover nadie. Cada minuto tenía un precio. Mucha sofocación. A veces yo me quedaba mirando para el viento sin saber en qué día estábamos. Me decían:

Manuel, mañana es el 20 de mayo; o a veces: es el 10 de octubre, y como yo no era muy histórico [17], se me olvidaba y me iba para la obra. Vacío todo, claro, eran las fiestas nacionales; más que dejaba uno de ganar; por eso yo no quería fiesteo. Para mí fiestas eran el bolo y a veces el billar. Por cierto, frecuentaba

---

[17] La masiva inmigración española contribuyó durante cierto tiempo a debilitar el sentimiento nacional forjado en las guerras de independencia. Coadyuvó a la traición nacional de la burguesía nativa y, acaparando parte del sector terciario, convirtió a la política en la segunda zafra del país. El inmigrante español de los primeros tiempos, con su mal disimulado resentimiento por la derrota peninsular, y sobre todo a causa de la emigración golondrina, no manifestó la misma capacidad de asimilación que el bozal. Las colonias españolas, con su prensa diaria, sus suntuosos palacios y sus bien organizados servicios, resultaron mucho más peligrosas a la naciente nacionalidad cubana que los folklóricos cabildos de nación y el uso ingenuo que ellos hacían de la bandera española. (Juan Pérez de la Riva, «La República neocolonial», *Anuario de Estudios Martianos,* tomo I, págs. 13-14.)

mucho el Café Habana, en Veintitrés y Doce. Allí había un billar muy concurrido. Eran fieras los que iban. Sabían jugar. El presidente del Centro Gallego, a veces, se bajaba de su auto y llegaba al juego:

—¿Qué tal por acá?

Todo el mundo se le aproximaba a halarle la leva. Yo ni fu ni fa. A mí él nunca me dio nada. Pero era un presidente democrático, sabía que el billar ese se llenaba de gallegos. El billar era caro. Costaba cincuenta centavos la hora, y se divertía uno. A mí nunca me ha gustado perder en el juego. Creo que a nadie. Sólo que a mí me entraban esas jaquecas insoportables y tenía que tomarme dos y tres vasos de agua caliente con bicarbonato. Es el mejor remedio: ni pastillas ni inyecciones, nada de eso. Agua bien caliente y bicarbonato. Desocupa uno en el inodoro, y fuera catarro. Es la razón de por qué yo nunca he sido jugador empedernido. No puedo perder. Me pongo al borde de la embolia.

En el billar conocí a muchos compatriotas, pero siempre con distancia y respeto. Con quien mejor me llevé, porque el diablo se las trae, fue con un negro bedel del Senado llamado Regino Arosarena. Era muy amigo de los gallegos y muy buena persona. ¡Más decente ni el más blanco! Regino me daba consejos como si fuera un abuelo mío. Era más viejo que la farola del Morro, pero un viejo que no descansaba la pata. Del billar para el Payret, para el dominó; siempre con gallegos. Se había criado en casa de los Baró, millonarios de pies a cabeza, y sabía hasta dónde ellos tenían escondidas las monedas de oro. Fue el que descubrió el secreto de Machado, el dictador. Estaba él de ayudante en una fiesta de ricos en el Vedado, haciendo las mesas, preparando los baños, de criado fino, cuando llega Machado, que acababa de salir nominado para la presidencia, y le pide a la dueña que quería tomar un baño. Machado llevaba a un auxiliar con una maletica con ropa y jabones, cosas de baño. Regino le preparó las condiciones. Machado entró en la habitación y le pidió a Regino ciertos favores. Entre el auxiliar y Regino, le alcanzaban a Machado las toallas, el talco, en fin... Pero cuando sale del baño el presidente tenía puestos unos calzoncillos largos y rojos como el mamey. Regino se quedó mudo. Y al poco tiempo lo divulgó. El decía, porque yo sí que de eso no sé nada, que Machado era brujo y que llevaba esos calzoncillos en nombre de Santa Bárbara o Changó, como le llamaban los santeros. Con la historia esa Regino pasó penurias. La familia de los Baró le pidió que no volviera más a la casa, pero él tenía muchas amistades y se había bañado en una tina con la tía de la señora de Conill, desnuditos los dos, y lo contaba también a donde quiera que llegaba. El negro como el chapapote, y ella blanca, y contimás rica. Aquello era un escándalo en aquella época. Hoy no es así, porque el mundo va hacia la unión de las razas, lo que me parece muy justo. Yo tuve algunos conocidos negros cuando empecé de peón. Casi todos los peones eran negros o gallegos. Todo lo hemos compartido juntos; mucho más yo, que he quemado tanto petróleo. Comíamos en la misma fonda o debajo de las soleras de las casas, en los portales... Negros y blancos trabajaban igual. Es mentira que un gallego se junta a un negro por interés. Si el negro es vago o es un bandido, ya eso tiene otro tono. Pero si es honesto y trabajador, que venga. Antes veían a un negro con un gallego compartiendo un plato y cantaban aquello de:

«Un gallego está comiendo
con un negro en compañía:
o el gaito le debe al negro
o es del negro la comía.»

Eso son patrañas de las gentes. Había discriminación, sí, pero el pobre raramente discriminaba al que está peor que él. Ya cuando entra en el negocio y gana algunos quilos, la cosa se va poniendo fea..., no sé.

Hablando del tema de Alhambra, puedo decir dos cosas. Vi mucho teatro allí. Nos calentábamos la cabeza y de ahí para el barrio francés. Aquel coliseo era decente de todos modos, lo que como ellas salían descubiertas un poco de arriba y eran unas mujeres tan salpiconas... Yo las recuerdo a todas: Luz Gil, Amalia Sorg, Blanca Becerra... Y a ellos: al gallego Otero, a Acebal, a Julito Díaz, a Regino López. Aquella sí era una compañía popular. Todo lo que decían de los gallegos no era cierto. Pero lo hacían con gracia y era de cariño. El gallego siempre salía mal parado. Pero los gallegos que íbamos allí nos divertíamos mucho a pesar de eso. Teníamos que encaramarnos en el gallinero. Bueno, más que un gallinero era un corral. Se veía mal, pero se oía clarito. Allí vi muchas obras. Todas cubanas, desde luego, con personal cubano, no como el Payret o el Principal de la Comedia, que traían elencos españoles. El Alhambra era netamente criollo. Un teatro veterano ya. Una de las cosas interesantes que recuerdo de allí fue el día que representaron la obra *Cuando vino Mefistófeles*. Como estaba de moda el anarquismo, algunos se pusieron a defenderlo; gritaban:

—¡Que viva el anarquismo! ¡Que viva el bolcheviquismo! [18].

---

[18] El doctor José A. Muñiz y Pérez redacta un proyecto de Constitución para la República Soviet de Cuba. La policía lo descubre e incauta. Este proyecto fue protocolazado el 21 de mayo de 1919 en la ciudad de La Habana por el notario Aurelio Fernández de Castro.

Y todo eso. La Revolución rusa estaba andando desde hacía rato y aquí no se podía decir ni esta boca es mía, y cuando lo hacían era para burlarse de los obreros y tal. Por eso todos gritamos allí, hasta yo, que nunca he sido político. Los de la platea miraban para arriba horrorizados. Pero todo el gallinero se puso de parte del grupo anarquista y se pusieron a dar vivas al bolcheviquismo y al anarquismo. Y es que el escritor de la obra le puso cizaña a la revolución de Lenine, que era como le decían a él en esa época. Todavía no se había muerto tampoco. Se formó allí la de San Quintín. Ocuparon proclamas, hubo detenidos, la policía gritaba desaforada. Yo le cogí tirria a todo aquello. No había libertad. Estuve algún tiempo sin ir al Alhambra. Le pusieron un tapón en la boca a los periodistas. Nadie se atrevía a hablar de Rusia. Y al que lo hacía para bien, lo fichaban de lleno. Me iba entonces para el Palisades Park, donde ahora está el Capitolio, y allí jugaba al tiro al blanco, a la ruleta, montaba en la montaña rusa, comía trapo mojado para entretenerme un poco los domingos... Gundín y Veloz a veces venían conmigo; si no, me iba con alguna mulatica o con la misma Mañica, una que fue novia mía, gallega ella, y manejadora de una familia del Vedado.

También estaban las retretas del Parque Central, los jueves, o las de la Glorieta del Malecón. La Habana era de mucha diversión. Y si tenía uno la suerte de que el bolsillo tintineara, ¡que viva la pepa! [19].

---

[19] Desde 1814, y a lo largo del siglo último, el grito de «¡viva la Pepa!» encubría al de «¡viva la Constitución de Cádiz!», y durante muchos períodos fue un grito subversivo. Llamaban «la Pepa» a la Constitución de Cádiz, porque ésta fue jurada y promulgada el día de San José, el 19 de marzo de 1812. La Pepa en cuestión no es ninguna dama que se distinguiera por su buen humor, como cree algún folklorista.

La otra obra de Alhambra que recuerdo muy bien fue *La rumba en España*. Era muy simpática: éste es el gallego rico que quiere llevar la rumba a España a toda costa. Se va a los barrios de La Habana y pesca a todos los tipos más descosidos, los más cómicos, casi harapientos, y se los lleva. Ocurren muchas aventuras cómicas. Una de ellas es que uno se creyó que Barcelona era la calle de La Habana que se llama así, y se fue equivocado. Resultado: la rumba cubana triunfa en España. La obra terminaba con los españoles bailando como bailan ellos la rumba, de brazos para arriba, como la muñeira. Era una obra muy simpática. Pero Alhambra tenía un defecto: era un teatro para hombres solos; por eso, cuando me hice novio de Mañica, me tuve que suscribir al Payret.

A donde sí nunca pude ir, ni soñarlo siquiera, fue al teatro Nacional. Allí iba la flor y nata, lo mejor: Hipólito Lázaro, comendador de la Corona de España, por cierto, Casimiro Ortas, el mejor cómico de la época, todo lo que valía y brillaba. Gundín llevaba a la familia de Conill y se quedaba afuera. Luego me contaba las cosas. El a veces se metía por detrás, con otros chóferes, y saludaba a los artistas. A mí ni eso me ha gustado. Yo soy un personalista, y como no me iba a favorecer en nada...

Cuando volví a Alhambra ya había pasado lo del motín del anarquismo. Machado tenía la sartén por el mango. El teatro se fue desacreditando. Los gallineros eran verdaderos corrales de puercos. Hasta...

La Pepa alude a la Constitución de Cádiz, que se juró el 19 de marzo. Al volver a España Fernando VII, abolió dicha Constitución el 21 de julio de 1814, y los patriotas que se oponían al absolutismo, como estaba prohibido con terribles penas gritar ¡viva la Constitución!, bautizaron el código fundamental del Estado con el nombre de «la Pepa».

bueno, no me gusta decirlo, pero, sí señor, hacían cochinadas allí arriba y luego la echaban en goterones para abajo. Se orinaban, escupían, tiraban papelitos, el diablo y la vela. Vicente, el policía mulato que cuidaba las lunetas, se pasaba la tanda gritando en medio de la obra:

—¡Cuidado abajo! ¡Los voy a sacar a palos, desvergonzados!

Pero esa juventud caliente no creía ni en su sombra. Hacíamos las cosas sin conciencia, éramos rapaces. Yo nunca fui grosero, pero he jorobado algo para gozar la vida. Son tan pocos los buenos ratos y tantos los amargos, que yo, la verdad, se lo perdono todo a los jóvenes. ¡Que se diviertan, que vivan el libertinaje, que disfruten de la vida! Aquí hay un dicho gallego que es muy popular para el que se hace el rogado, y dice así: «Non queiro, non queiro, botamu no sombreiro.» Y a mí que me lo den todo en el sombrero y en vida, porque la muerte es más fea que el carajo, y ni ve ni oye.

La memoria se vuelve viruta a veces. Trabajé en tantos oficios que a duras penas los recuerdo. En el mismo giro de albañilería hice de todo. Tenía buen ojo de observador. Nunca fui aprendiz. No necesité ni tuve maestro. Aprendí solo, por necesidad. De un ramalazo me lo llevaba todo en la vista, y siempre fui de la creencia de que podía hacer lo que otros hacían. Nunca me acoquiné en ningún trabajo. Lo único que deseaba siempre era una buena oportunidad. Y ésa era la que se hacía difícil. Ahora bien: cuando aparecía le echaba mano como a un plato de lentejas. He pasado muchas rachas duras, pero nunca me dejé vencer. Es la raza gallega. En los tiempos muertos la inventaba en el aire. En La Habana todo, porque la caña no la conocí[20]. Lo único que trabajé en el campo una vez fue el tabaco, cuando empezaban a construir la carretera central, por el año veintisiete. No llegué a la semana, porque me intoxiqué con una sustancia química que echaban para fumigar y vine a parar a la Benéfica, verde como una hoja de orégano y vomitando. El campo no me vio el pelo más. Entonces, cuando había interines en el trabajo de albañilería, me iba de suplente a los tranvías.

—Te acuerdas de Santa Bárbara cuando truena, mal agradecido —me decían los que trabajaban en la línea Vedado-Muelle de Luz—. El tranvía era para tiempos muertos. Se ganaba una porquería, pero lo sacaba a uno del apuro.

En todo este trajín de allá para acá, me acordaba de mi abuela. Su refrán predilecto cuando me veía carpintear o arreglar aperos era: «Moitos oficios te, Pericón, moitos oficios e ningún bon.» Y así mismo fui yo. Mi naturaleza era muy compleja, muy abarcadora. De eso vivo orgulloso. Si no me hubiera tenido que tirar al mar o acostarme debajo de las líneas del tren, porque le vi las costillas al hambre de puro cierto, eh, se las vi. La albañilería es variada, tiene muchas especialidades. Yo empecé de simple peón.

—Hay que empezar de abajo, Manuel, luego subes y puedes llegar hasta dueño de ingenios; ahí ves a los Castaño, a los Fernández, todos llegaron de alpargatas y subieron.

---

[20] El gallego cortador de caña es uno de los tantos mitos que adornan nuestra historia. El peninsular, emigrante o viajero, resbala rápidamente hacia un terciario subdesarrollado, al que no aporta ni capital ni técnica, y repatria sus ahorros a una tasa superior a la de ninguna otra inmigración. Pero no hay que ser demasiado acerbos; el inmigrante pertenece al pasado y sus hijos hicieron nuestra patria socialista. (Juan Pérez de la Riva, *Anuario de Estudios Cubanos*, tomo I, páginas 43-44.)

—Pero es que yo no subo ni con una roldana.
—Paciencia, hombre, paciencia.

Gundín me tenía aprecio. Pero él mismo no acababa de levantar cabeza. Esos gallegos de que él hablaba habían tenido suerte, se habían arrimado a la gallina ponedora. Escribían harina sin hache, pero tenían cuentas en cuatro o cinco bancos. Yo me jorobaba el lomo y nada. La suerte es loca, esa es una verdad más grande que la bola del mundo. A mí no me tocó nunca la puerta. De los dulces para el oficio de albañil. Empecé en casa de unos gallegos ricos, precisamente. Vivían en la calle Seis y Veintiuno. Yo levanté esa casa. Se puede decir que cargué los primeros ladrillos, la vi bautizar, pero desde la acera de enfrente. El cura le roció agua bendita a la fachada y no dijo ni una palabra para los que dejamos los pulmones ahí. Porque el oficio de albañil es muy duro y muy agotador. Nadie le quería meter el diente. Y me dije: «Esta es la mía, se acabó la aventura, aquí me quedo fijo, pero...»

En esos tiempos no había nada fijo. Los capataces eran caciques [21]. Le decían a cualquier peón que se fuera si querían favorecer a algún amigo. A la calle y con las manos en los bolsillos. Así me vi muchas veces, dando tumbos de una obra para la otra, sin acotejo, sin algo fijo. ¡San Roque, carajo!, pero ¡qué

---

[21] Adelante, campesinos gallegos, declarad la guerra a nuestros opresores los caciques, que, entre consumo y déficit, nos arrebatan lo poco que cosechamos, lanzándonos a la emigración, mejor dicho, al destierro. El día que hayamos logrado limpiar de caciques o zánganos esta hermosa región, tened la seguridad de que en Galicia el campesino podrá vivir con holgura después de pagar, pero entonces no habrá más que un impuesto municipal repartido con equidad, desapareciendo el impuesto del cacique. ¡Ladrones! Tomad un trabuco, salid a los caminos, robad al que pase, exponed vuestro pellejo; eso es noble, y no a mansalva como lo venís haciendo, canallas. (Manuel Pérez. Galicia, 29 de octubre de 1908.)

va!, cuando lo malo llega viene todo junto. El peón es un esclavo de la obra. Lo hace todo, como un sirviente en una casa de ricos.

La casa de Seis y Veintiuno ya fue demolida. Ahora levantaron ahí un edificio de ocho plantas. Pero esa esquina me trae muchos recuerdos, malos todos. Cuando un hombre no tiene a donde agarrarse para no caer hace cualquier cosa. La resistencia humana es incalculable. A mí me parece mentira haber aguantado tanto y estar hoy más fresco que una lechuga. No bebo, pero fumo cigarros negros y camino todas las tardes más de veinte cuadras. Todavía hay Manuel para rato.

Cuando yo veía aquellos ladrillos amontonados allí, en bloques, y pensaba que tenía que volearlos yo solo, quería morirme. Entonces, al contrario, cogía fuerzas por dentro, me daba un toque de aguardiente y manos a la obra. En el trabajo no se puede perder el espíritu motor. Hay que sacar fuerzas del pozo, porque sin espíritu y sin trabajo no va nadie ni a la esquina. Los únicos que resolvían de vagos aquí eran los botelleros y los chulos. Y para eso vivían en una zozobra y en un peligro que no se lo deseo yo ni a mi peor enemigo. La porra que creó Machado, bandoleros todos, armados hasta los dientes, llegaba a la obra a pedir cuentas de política. Yo ni fu ni fa; la cosa era con los cubanos.

—¿Qué, cómo va esto por aquí?

—¿Quién es el guapo?

Así era el alarde de ellos. Total, a la caída de Machado se apendejaron todos, y los revolucionarios los cazaron como a jabalíes. Dicen que lloraban y que hasta pedían clemencia a nombre de sus señoras madres. ¡Maricones!

En la obra, lo mío era cargar unos cubos que pesaban más vacíos que llenos, preparar la mezcla, dar pisón, volear ladrillos, limpiar las frotas y las cucharas, dejar la regla como un crisol para el día siguiente, y cuando había merienda, masa real o pan con guayaba, repartirla. Era el burro de carga, pero no podía decir ni esta boca es mía, porque el capataz estaba a la que se iba, y si yo fallaba me daba una patada y a la calle. Por eso me dije: «Resiste como un condenado.» Es que la calle estaba peor, ¡peor! El pueblo entero pedía el agua por señas. Allí yo eché el buche.

Un día estoy remazando la mezcla, y como soy un poco cojo, me inclino del lado derecho. Viene el capataz y me grita a la cara que yo era un vago. Se creyó que me estaba guillando, que dormía recostado al cubo. Le dije cuatro cosas. Yo le tenía ganas. Era un catalán muy zoquete. Vio que yo tenía dignidad y que me estaba jugando los dos cincuenta que me ganaba al día. Me dijo:

—Tú eres muy lento para esto, Manuelillo; de ahora en adelante vas a empezar de albañil.

Hacía algunos meses que yo trabajaba con él, que le servía en todo. Eso fue, por ejemplo, un lunes, y el martes ya había un negrito llamado Jacinto en mi puesto. La nueva pega era más suave, pero requería mucho ojo y mucha puntería. El albañil de alicatado tiene que saber colocar el ladrillo de canto. Así fui progresando un poco. Luego me hice albañil de fachada; más categoría. Había que hacer trazados, porque las casas con arcos de ojiva se fabricaban mucho todavía. Yo me hice experto en eso. Todo lo aprendí a ojo de buen cubero. Lograr la simetría no era fácil. Hice muchas obras. Me gasté bastante. Los dedos se me pusieron gruesos y duros. El que se fije bien verá que la mano derecha mía es más grande que la izquierda, los dedos son más gordos y la palma es de piel de elefante. Bajito como soy, al que le dé un trompón con esta manopla no hace el cuento.

Navegué bastante en el machadato —la peor

época de Cuba—, hambre y bombas todo el tiempo, porque trabajaba en obras del Vedado y la calle Reina. Fui repellador y casi me hago azulejeador. Lo que pasó fue que otro catalán, de apellido Puig, me dijo un día:

—No te hagas ilusiones, el que azulejea aquí soy yo, yo, ¿qué pasa?

El controlaba el azulejo, lo hacía a las mil maravillas, pero yo hubiera querido aprender por si las moscas. El baile con los catalanes es algo muy serio. No por gusto se inventó el dicho de: «Blanco, aunque sea catalán.» Ellos tenían un control del artesanado y del azulejo, y nadie podía meter las narices allí.

Me hice cierta reputación en el giro. Entré al sindicato y poco a poco fui reuniendo unos quilos de nuevo. Con lo que gané puliendo los pisos del Hotel Plaza, a mano y con piedra pómez, le mandé algo más al abuelo. Me contestó en seguida. Y me pidió un radio de piedra de galena. Cometí el error de mandarle uno de corriente, marca Phillips, de los primeros que llegaron aquí. Ni yo tenía para mí, pero mi abuelo se aburría mucho, y como me decía el aventurero y tal, le quise dar una respuesta. En carta de acuse me mandó a decir que ni habían desempaquetado el radio, porque como en la aldea no había electricidad, era inútil sacarlo. Pues, grano a grano, reuní doscientos cincuenta pesos y se los mandé para que pudieran instalar la luz allá, lo cual hicieron, como era de esperar, y así pudieron oír la radio. En la carta mi abuelo me contó que la aldea se alborotó tanto con la radio, que me hicieron una misa en salud en la parroquia del padre Córdoba. Por primera vez recibí cartas de desconocidos agradeciendo el envío. Algunos me pedían zapatos y otros un radio igual. Yo no pude mandar nada. Lo que tenía guardado era para mi porvenir. Simplemente no contesté las cartas. El que, como yo, vivía de tocineta y bacalao escocés, ¡qué cartas ni qué regalos iba a mandar! Regalos mandaban Veloz y Gundín porque podían. En casa de ricos siempre hay cogioca. Y la comida es gratis. Verdad es que yo bajaba a la casa de los Conill y nunca salía con las manos vacías. El mismo José me regalaba plátanos manzanos o una barra de pasta de guayaba. Algo siempre se me pegaba. Lo que uno es como es y no pide. Pedir, lo que se llama pedir, trabajo nada más. De eso vivo orgulloso. El trabajo ennoblece a los hombres, escribió uno de los grandes sabios del mundo, que son siete, al decir.

Yo no tengo un pensamiento malo para nadie, no soy rencoroso, y me han hecho porquerías hasta para hacer dulce. Si tengo un paquete de caramelos, lo reparto. Cuando nadie tenía pan en la casa, yo guardaba el mío. La tocineta la salaba y siempre tenía a mano. A este cuartico de Efe y Diecisiete vino mucha gente botarata a pedirme un cigarro, un pedazo de pan, un plátano, a mí, que era un muerto de hambre, como quien dice. ¿Por qué? Voy a explicar.

La Habana estaba complicándose. La gente en la calle conspirando. Pero por la noche a la cama temprano. El desempleo estaba a la orden del día. Era de una huelga para la otra. La policía torturaba a cualquiera. Yo me metía en mi cuarto a las ocho de la noche y no salía más. Cuando pasaban los truenos sacaba la cabeza un poco, no demasiado. Lo que sí hice fue ahorrar bastante. Y trabajar cuando se podía. Si no había obra de albañilería, carpinteaba algo, hasta que me superé en el oficio. Lo aprendí de a ojo también. No era fácil que alguien viniera y le dijera a uno:

—Te voy a hacer carpintero.

El que era carpintero se lo comía solo. A mí se me metió la carpintería entre ceja y ceja. Y me hice carpintero. La cuestión era suavizar e independizarse de los tiranos. El carpintero era un hombre más libre, más individual. Y un oficio limpio en comparación con el carbón o la albañilería. No es lo mismo hacer un pasamanos que repellar una pared. No es igual.

Miro atrás y me veo siempre doblando el lomo. No he descansado nunca. Hoy mismo no me gusta estar de brazos cruzados. Ni que el maná me caiga del cielo. De vez en vez hago algún trabajo en lo que fue mi oficio más querido, la carpintería. La aprendí en una obra que me busqué yo solo. Fue en la calle Reina. El capataz era de Lugo ,un tal Manuel Moreira.

—¿Qué hay, rapaz?

—Que no quisiera seguir repellando. Dame una oportunidad de carpintero.

—¿Pero si no sabes coger un martillo?

—Sé.

A los pocos días yo ya me había fijado bastante. Soy muy curioso. Le demostré que podía martillear, clavar las charranchas a las tablas, que tenía luces para medir. Ayudé a construir los encofrados para una casa grande que levantaron en la calle Reina. Me hice experto en hacer soleras para afincar los techos. Siempre andaba colgado por allá arriba, con mi cojera y todo. Sacaba la altura del piso y ponía las columnas a nivel, casi sin usar las cintas de medir. Mejoré algo así como cincuenta centavos. Por la obra me pagaban tres pesos, aunque luego yo llegaba a la casa y con algunos instrumentos que había comprado, sargentos, serruchos, pinzas, hacía trabajos a las casas del barrio. Vendí la colombina y me hice una cama de madera para dormir como las personas. Logré fama de buen carpintero en poco tiempo. Quedé independizado de Gundín y de Veloz. Los visitaba para jugar dominó. Nos íbamos a la trastienda de *La fama de la Yaya,* en la calle I, y jugábamos allí a las cartas con Paco Castaña, el isleño, y con uno acabado de llegar de Orense que era sobrino del dueño. Se llamaba Genaro. Con él teníamos que hablar todavía en gallego puro.

Cuando había obra era el propio Moreira el que me iba a pescar. Claro, yo le trabajaba de gratis en su casa. Nadie es bueno por gusto en este mundo de Dios. El caso es que me defendía más que en el carbón. El me daba trabajo cuando se presentaba, y cuando no, lo iba a buscar yo al tranvía, la Cruz Roja de muchos gallegos en La Habana. El tranvía era para el interin, para el tiempo de mortandad. Yo siempre estuve en él de suplente. Ganaba cuarenta centavos la hora. A veces trabajaba doble turno. Salía con la cabeza llena de zumbidos. Me iba a tirar a la cama y no podía pegar los ojos, me desfilaban los pasajeros por la mente unos tras otros, o si no daba brincos, porque el tin tin del niquel me sonaba en los oídos.

Igual me empleaba de conductor en la línea Vedado-Santa Ursula, la del Hipódromo, que en Vedado-Muelle de Luz, o Vedado-San Juan de Dios. El caso es aprovechar el tiempo de mortandad entre una obra y la otra.

En el tranvía conocí a mucha gente. De todos me hacía amigo. Hasta de los que no pagaban, total, si Steinhardt era millonario y un medio más o un medio menos no lo iba a arruinar. El que no pagaba era porque no podía. Y a veces hay que saber comprender. Yo no iba a permitir que un hombre trabajador tuviera que andar a pie de un extremo a otro de la ciudad por mí. Ellos se montaban por atrás y se hacían los que estaban leyendo el periódico para escabullirse. De acuerdo con las caras, yo los dejaba pasar. Si era un fascineroso con cara de criminal, le pedía en mala forma que se apeara. Si era una persona decente, me hacía el de la vista gorda. En el tranvía fue como yo conocí al dedillo a esta ciudad. Fue como conocí al cubano y me asocié un poco más a la política. Cuando era yo el que iba de pasajero, ponía en práctica un truco cubano que aprendí en el mismo tranvía. Montaba con una libretica en la mano y un lápiz y me quedaba en el paseo de atrás. Fingía que apuntaba la numeración de la caja. Como los conductores, cuando no les convenía, no marcaban, se pegaban un susto de mil demonios al verme y no me cobraban, creyéndose que yo era un inspector.

Este fue un país de muchos *chivos,* de mucha engañifa. Y no siempre uno iba a hacer el papel de bobo. Te decían «galleguibiri», y se creían que uno había desembarcado en babero. Pero cuando muchos no tenían un palo a donde agarrarse, venían a pedirle a uno una pesetica, un pesito, un cigarrito, una copita de Peralta. Al cubano no se le puede decir que no. Es muy contagioso y muy sonsacador. Yo trabajé como cuatro años con un motorista de nombre Eladio, negro como el totí. Casi todos los días me pedía cigarros. Era un hábito, porque si lo registrabas a lo mejor llevaba una caja en el bolsillo. Eladio y su mujer iban conmigo a las romerías de La Polar. Les gustaba lo español. El negro en Cuba fue fanático de lo español. No bailaban muñeira, pero daban palmadas y se divertían de lo lindo. Hacíamos un grupo grande, con Eladio, la mujer, Castaña, Gundín y Veloz con sus mujeres, Gordomán, Estrella y otros que no recuerdo. Esa fue la época en que yo empecé el trance mío con la Mañica. Ya me vestía algo mejor, sin postín, pero con chaleco, sombrero de jipijapa y bastón. El bastón me lo había regalado Santoral, el criado personal de la señora de Conill. Yo le arreglaba las ventanas de la casa los domingos por la mañana y él le decía a la señora que había sido él. Era un desvergonzado, pero Gundín me decía:

—Trátalo, Manuel, que te conviene.

Bueno, lo único que le saqué fue un bastón

para retratarme con él y mandarle la fotografía a mi familia.

La mujer de Eladio era santera. Tenía una influencia muy grande en Regla. Le decían Madrina, porque reunía en su casa a muchos ahijados y les daba dulces y ron. Un día cayó presa y tuve que ayudar al marido a pagar la multa. Lo de la prisión era porque ella fue muy divulgadora. Una negra muy cuentista. Le dio por decir que ella tenía poderes y que había cruzado la bahía de La Habana por debajo del agua como Susana Cantero, otra de quien yo sí había oído hablar cuando trabajaba de carretonero con Fabián en el muelle. Esas eran hijas de los santos africanos. Pero la mujer de Eladio exageraba. Y la cogieron presa. El juicio fue algo muy sonado. Todos los ahijados se presentaron. El patio del juzgado era una colmena. Ella decía que las auras tiñosas venían a ella con un canto y que no era culpable de tenerlas siempre a su alrededor. Era verdad. Ella cantaba y las auras tiñosas la rodeaban, mansitas. Entonces las vestía con unas sayitas azules y salían volando sobre los techos de Regla y Guanabacoa. Las tiñosas son aves rapaces, pero ella las domesticaba. Eladio estaba convencido de los poderes de su mujer.

—Tú no creerás, gallego, pero mi mujer tiene una lengua sagrada. Lo que ella anuncia se cumple.

Ahora, él no salía de motorista. Hasta yo ganaba más que él, eh, con la mala suerte que he tenido siempre para el dinero. El día del juicio fue una prueba de fuego. Ella llegó muy serena. La habían acusado de bruja porque las tiñosas le caminaban detrás y los niños salían despavoridos.

Eladio me contó que el juez la sancionó con una multa de cien pesos y le dijo a grito pelado que si volvía al jaleo ese de estar domesticando tiñosas la iba a enterrar. Ella se defendió bien:

—Yo no domestico nada, señor juez. Ellas son las que vienen. Basta que yo cante.

El juez la acusó de mentirosa. Le alzaba la voz. Los ahijados estaban impacientes afuera, en el patio del juzgado. Pero cuando el juez le iba leyendo el acta con la multa, ella empezó a cantar bajito. Al final salió al patio y cantó más alto, y fue cuando empezaron a bajar las tiñosas y a posársele en los hombros. Los ahijados, con los ojos cuadrados, veían aquello como un milagro. El patio se llenó de auras tiñosas, y el juez y el secretario, como locos, gritaban:

—¡Saquen a esta mujer de aquí, saquen a esta bruja!

Pero los vigilantes, según Eladio, ni se movieron. Todo el personal estaba boquiabierto. Esa historia se hizo famosa en La Habana. Como yo no creo ni en mi sombra, lo mandaba todo a tomar viento. En lo íntimo ella fue una negra simpática, muy amante de las romerías. Yo he oído historias más increíbles en Cuba. Este país siempre lo coge a uno de sorpresa. Ocurren cosas muy raras. Hay que vivir en el bien para no perder la cabeza. Es muy serio esto que digo, muy serio.

El tranvía salía del paradero del Vedado a las seis de la mañana. Pero a las cinco ya yo estaba listo para trabajar. Me acostumbré a madrugar con Fabián. Y me gusta levantarme cuando todavía el mundo está en paz. El fresco de la madrugada despeja la cabeza. Cuando me he levantado tarde, por enfermedad o alguna borrachera, amanezco con los huesos entumecidos y la cabeza cargada. En mi aldea la gente se levanta de noche para ordeñar y empacar el centeno. Hay que aprovechar el día. Lo mismo hacen aquí los guajiros.

Yo soy de la creencia de que el que se levanta temprano se cansa menos. Personalmente, no soy dormilón, pero mi vida ha sido de tanto estropeo que muchas veces he tenido que dormir con ropa puesta para no perder ni un minuto de sueño. Sobre todo en obras en las que había que doblar turno. Llegaba, me lanzaba a la cama con pantalón y camisa y hasta el amanecer. No se descansa igual, por supuesto. En el tranvía tenía menos agotamiento. Aunque doblara jornadas, el trabajo era un poco más suave. Tenía sus estímulos. Conocía uno gente de todo tipo: comerciantes, políticos, empleados públicos, baja estofa...

A Mañica la vi por primera vez en un Vedado-Muelle de Luz. Iba sola ese primer día. Me acuerdo como si fuera hoy. Montó en Línea y Seis. Parecía una manzana todavía, y llevaba trenzas. No hacía un mes que había llegado de su aldea. Me fijé mucho en ella. Más que nada porque hacía tiempo que no olía carne de hembra. No hablamos ni pizca. Cuando fue a darme el medio, le dije:

—Guárdate eso, niña.

Y ella se lo metió otra vez en el bolsillo del uniforme. Yo no he visto unos ojos azules más claros que los de aquella gallega. De que me gustó, me gustó, y a primera vista. La gente montaba por detrás y yo no les cobraba. Tenía un distraimiento muy grande. No hacía más que mirarla a ella y arreglarme el bigote. Fue la primera vez que me sudaron las manos. A los pocos días, sacando la cabeza por la ventanilla, la vi con el niño que ella cuidaba. Cada vez que el tranvía pasaba por Seis, yo sacaba la cabeza. Me estaba volviendo loco. Hasta que un día decidí echar por Paseo para abajo, coger Línea y buscarla. Pero no la encontré. No me quedaba más remedio que esperar que ella cogiera de nuevo el tranvía, como sucedió una tarde, para bien de mi capricho. Tampoco le cobré. Ella me sonrió agradecida. Yo nada más que le dije:

—Las piedras, rodando, se encuentran.

Luego le pregunté a dónde iba, y me contestó:

—A tomar fresco.

—Tú eres paisana mía, ¿verdad?

—No sé.

—Soy de Pontevedra, de Arnosa.

—Bueno, eso es Galicia, somos paisanos.

Ese mismo día le pedí la dirección. Yo no perdí tiempo. Oveja que bala pierde bocado. Nos vimos esa noche en el parque de Paseo y Trece, frente a la casa de Gundín. Hablamos como dos curas. A las diez me dijo que se tenía que marchar. Pero ya el toro estaba con las banderillas puestas. Me dije a mí mismo: «Espero no tener percances esta vez.» Yo hubiera jurado que la gallega era virgen como María o algo así.

—Tú eres cojo.

—No, hija, es que se me hincha este pie.

—Estás cojo, se te ve.

—¡Dale con la pata! Mujer, que no soy cojo, ¡caramba!

Era una muchacha jovial, pero muy recatada. Eso me gustó mucho al principio. Más bien porque yo me relacionaba con mujeres de rumbo, ¡descalabradas! Y Mañica era señorita. Me contó que había venido con recomendación para trabajar de manejadora. Pero bien se veía que hacía otras cosas, porque tenía las manos resecas. Las criadas gallegas eran más completas que las cubanas. Por eso las explotaban al máximo.

—¿Nos vemos por la noche?

—Es que tengo que lavar.

—¿Entonces el domingo?

—No puede ser. El domingo plancho la ropa.

Así era la cosa. Yo estaba muy recondenado, porque me gustaba un puñado. Si había obra, no la veía en ese tiempo. Ella no se portaba por allí, aunque yo le diera la dirección. Por ella busqué la manera de quedarme fijo en el tranvía, pero no lo logré. Una plaza de fijo era asunto de arriba, muy difícil para mí. Yo no sabía lo que era la paciencia. Todas las noches iba frente a la casa, pero ella casi no se asomaba. Un día de Pascua la casa se encendió toda. Parecía una feria. Aproveché para llamar al niño y darle unos caramelos.

—Llama a Mañica, anda, pero no le digas quien soy.

El niño me conocía por los paseos en tranvía. Y se daba bien conmigo. Cuando entró a avisarle gritó y la madre salió a la verja. La tenía ya en mis narices cuando me preguntó si yo buscaba a Mercedes Pérez. Le dije que no, que yo quería saludar a una paisana mía por Navidad, y que era la manejadora de su hijo. La señora me contestó que la manejadora de su hijo era Mercedes Pérez. Después me di cuenta que ella me había dado el nombre de Mañica porque así la conocían en su aldea.

Todo el principio fue muy de estira y encoge. Nos volvimos a ver en el parque de Paseo, con frío y todo. Me llevó un bonete con sardina muy calentito y muy sabroso. Empezó ahí la confianza. En el parque yo la tocaba un poco, pero ella era muy arisca. Si la iba a besar, me daba un empujón o me golpeaba en las rodillas. Era un poco salvaje en eso, lo debo confesar. Así y todo, nos gustábamos bastante. Estuve meses completamente atontado. Yo creo que fue la primera vez que me enamoré fuerte de verdad. Si estaba en obra de carpintería, me martillaba los dedos. Si estaba en el tranvía, no veía la hora de terminar el último viaje para encontrarme con ella. Mañica fue la única felicidad que tuve esos meses duros.

Cuando Gundín y Veloz la conocieron me dijeron que no era mujer para mí. No me importó. Estaba ciego. No quería más mujeres de la calle. Quería verla a toda hora. Ahorré más que nunca. Viví sin bolos, sin dominó, sin cartas, nada más que a buen recaudo del dinero y comiendo tocineta con bonetes y café con leche. Gastaba con ella espléndidamente. Con más nadie. Medio que me peleé con amigos y allegados. Hice cosas de loco para animarla. Mientras más arisca se ponía, más gusto sentía a su lado. A todos nos gusta lo difícil. Y ella era una paloma huidiza. Tenía una idea fija:

—Manuel, quiero volver. Mi madre me reclama. Está vieja. Me quiero ir de vuelta, casada contigo.

Yo no estaba preparado para el matrimonio. Y la gallina ponedora tenía moquillo. A veces no había ni obra de carpintería ni suplencias. El ahorro que me quedaba era para volver yo mismo y reponer a mi familia. Era sagrada esa plata; por tanto, no tocaba ni un centavo. Prefería pasar penurias, como pasé. Ya digo, con ella gastaba hasta donde podía estirar, sin exageración. Un domingo, pasando por el Prado, vemos a uno de esos pajaritos de la suerte. El perico le da un papelito en el pico a Mañica. Decía: «Habrá matrimonio y dinero pronto.» Nos echamos a reír los dos. Pero yo me quedé muy preocupado. Ni una cosa ni la otra iban a ser posibles entonces. Lo que pasa es que uno vive de ilusiones cuando está en trances amorosos. De eso nos reímos. ¿Cómo iba a llevarla a la cuartería de Efe y Diecisiete, donde la única persona moral era yo? Lo demás era carterismo y depravación. La policía no salía de allí. Y no por política, sino por robo y puñaladas. Hasta el chino Alfonso era un vicioso. Fumaba opio en cachimbas grandes con dos o tres más. Y en la noche soñaba en chino y no me dejaba dormir, porque el cuarto de él y el mío estaban divididos por una pared de madera. Yo gritaba:

—Alfonso, ¡cojones!

Y él se reía en medio del sueño, porque no se despertaba, y me gritaba:

—Cablón, calá, cablón, calá.

Era un suplicio la pocilga aquella.

Le oculté siempre el lugar. Luego me preguntaba; yo le decía que era un colectivo de españoles y que yo no quería que a ella me la estuvieran revisando los paisanos. En verdad, yo fui muy celoso de Mañica. Ninguna mujer me calentó tanto la cabeza. Ya digo, con ella fui a lugares que nunca hubiera visitado solo. Me compré un pantalón de pistola y un sombrero de castor. Cuando el recibimiento del pelotero Adolfo Luque en el muelle de La Habana, el más grande de todos los peloteros de Cuba, me los estrené. Yo vi cómo lo ovacionaron y lo llevaron cargado en hombros por todo el Malecón hasta el Castillo de la Fuerza. Fuimos como dos o tres veces a las rondallas del Centro Gallego. Mañica no era tanto de baile como de oir aquellos coros de bandolinas y violines tocando «airiños» gallegos en el Teatro Nacional. Yo me aburría un poco, pero ella disfrutaba de veras.

Paseamos lo que no paseé nunca más. Parques, merenderos, Campo de Marte. El Campo de Marte era un poco fu, aclaro; no tenía la buena nota que tenía el Luna Park. Había una atracción muy simpática, eso sí: un vizcaíno de mi tamaño, llamado el Pájaro Tuñón, se lanzaba desde una altura grandísima y caía en una poceta. Luego salía a pedir centavos. Era un tipo arriesgado, y a nosotros nos gustaba el espectáculo. Ese vizcaíno tenía el estómago de piedra. Se casó con la mujer barbada. Ella pesaba trescientas libras y él era un pito de auxilio.

El Campo de Marte estaba atestado de fleteras y carteristas. Había que irse para el Luna Park. Era el más apropiado y más seguro. Allí vimos de todo. Hasta el cómico Garrido y su madre bailaban la rumba de cajón. Ella con pañuelos rojos a la cintura y él con zapatos de punta y camisa guarabeada. El Luna Park tenía quioscos y carpas de teatro. Ponían sainetes cómicos entre gallegos y negros. El gallego siempre pagaba las de quinto, porque el negro lo quería timar. Sólo que el gallego, muy cazurro, se las arreglaba para joder al negro por detrás. Bailaban rumba y ponían al gallego de brazos para arriba, como si estuviera personificando una rumba a lo muñeira. El gallego del Luna Park tocaba la guitarra y el negrito la flauta, cosa rara entre un gallego y un negro. Lo mejor de todo es que los dos eran cubanos. Ni el gallego era gallego ni el negro era negro. Se pasaba porque el teatro lo admite todo.

Nos sentábamos mucho en la fuente de la India. Todavía no existía el Parque de la Fraternidad. La fuente tenía atracciones también. Los primeros fotógrafos de cajón se reunían alrededor de ella. Todo el mundo se quería retratar junto a la fuente. Yo me retraté sólo una vez. Mandé la foto al abuelo. Cuando me contestó me dijo que me encontraba flaco y que La Habana parecía bonita. Era por los árbolos coposos que salieron detrás. En esa carta me enteré de un hecho dramático para mí. Mientras más lo recuerdo, peor me pongo. Mi madre no me había podido ver. Contaba mi abuelo que tocaba la fotografía con los dedos y decía el nombre de Manuel llorando, porque se había quedado completamente ciega.

Mañica no quería que yo doblara el turno en el tranvía, para así podernos ver por la noche. Pero el dinero es una carta de garantía para un inmigrante. Yo como único podía guardar algo para el regreso era trabajando en dobles turnos cuando no había carpintería.

En Santa Clara, número 10, vivían dos señoras gallegas muy amigas de la familia de mi novia. También visitábamos allí. Ellas daban comidas a módicos precios; buenos caldos gallegos, muñetas fritas y frijoles blancos con tocineta. Las dos eran duras ya, y se quitaban la edad. Mañica y yo nos reíamos a matar, porque éramos jóvenes y la edad no nos importaba. La más vieja siempre estaba con el cuento de que la edad en las mujeres era secreto. Mañica, que no tenía un pelo de tonta, me decía:

—Mira, Manuel, ésta lo que quiere es que no le sigan el rastro, por eso se quita la edad.

Y es que la gallega tenía su pasado, creo yo. Al menos, no todo el que iba ahí a comer era de moral probada. Con la panza llena, salíamos a pasear en tranvía por los elevados. Llegábamos al río Almendares, donde había que pagar otro medio para cruzar el puente, y seguíamos hasta la playa de Marianao. Lo único molesto del paseo en tranvía eran las chinches del asiento. Pero, acostumbrado uno, se las quitaba de arriba como si fueran hormigas. El paseo en tranvía era una delicia. Un paseo económico y largo. La playa de Marianao tenía también sus atractivos. Vendían mantecado de sorbetera, claro está, dulces de leche, *eskimo pie* y sorbetes de vainilla. Esa zona no era de gallegos. Nosotros íbamos como el que iba a La Tropical o a Palatino. Nos gustaba pasar la noche del domingo en ese jaleo. Digo la noche, porque ella trabajaba el domingo en la mañana, y yo lo mismo. Si había algo que encolar en el barrio y si tenía que pintar alguna casa. Tengo que decir que fui también pintor de brocha gorda cuando hubo la ocasión.

En el Café Azul trabajó de cartomántica una española llamada Luz, que estaba loca de remate. Ella nada más que anunciaba holgorios. La Luz tenía una hermana adivinadora de bomba, una farsante como la otra. Vivía en la playa de Marianao, en un cuchitril que tenía un letrero en amarillo:

Zoraida, salvadora de almas

Mañica se empeñó en ir y la llevé. Salió muy alegre. Me dijo:
—Voy a ver a mi madre y voy casada.

Yo también me alegré, aunque sabía que Zoraida era una mentirosa. Al poco tiempo me enteré por *La Discusión* que le habían clavado un punzón en el cuello porque le dijo a un paisano mío que se iba a sacar el premio gordo, y el pobre hombre se compró un billete completo con el ahorro de años y no se sacó nada. Así acabó la Zoraida.

La playa tenía sus cosas malas también, razón por la cual nos dio por ir al Café Medina, en Veintitrés y D. Ahí casi todos eran de la colonia española. Y no de ricos; de pobretes como yo. El Café tenía dos plantas y era de madera. Abajo daban comidas variadas; era un fondón con cantina. Allí conocí yo a Antonio María Romeu, el bizco. Tocaba el piano arriba, porque en el Café no sólo bailábamos chottis y paso-dobles, bailábamos también danzones y sones. Antonio María era muy fanático del billar. Yo jugaba algo con él cuando el bolsillo me decía que sí. Luego subíamos y él tocaba unos danzones muy preciosos, y aunque Mañica y yo no bailábamos mucho, a ella le gustaba que yo la llevara de vez en cuando al Medina. Allí se reunían todas las criadas gallegas y asturianas con los novios y los maridos. Y también gente de otros lugares. El Medina y el Carmelo eran los cafés más populares de la colonia española en el Vedado. Gordomán iba una que otra vez a tocar su gaita con Arsenito, Angelín y la mujer. Coincidió con Gundín, a decir verdad.

—No me gusta esa moza para ti, Manuel.

Pero yo no veía ni oía. En los bailes la miraban mucho, eso sí, pero había otras más lindas que ella. Nunca con los ojos de Mañica, nunca. Yo digo que estaba tan enamorado que ni tiempo tenía para celarla. Fue una idea fija que se me metió en la cabeza.

De novios nos cogió el ciclón de octubre del Veintiséis. Eso acabó con todo, hasta con las relaciones nuestras. Fue un ave negra que se posó en esta isla. Más o menos un ciclón, lo que se dice un ciclón, yo ya lo conocía por el del Diecinueve. Pero ella era nueva aquí, y aquel torbellino la acabó de sacar de sus casillas.

Lo que más me ha disgustado a mí de este país son los aguaceros torrenciales. Lo cogen a uno desprevenido. El ciclón del Veintiséis empezó con unos aguaceros de los mil demonios. Inundaron completamente la ciudad. La gente, entre el claveteo y los preparativos, ya estaba aterrorizada. El mar y la lluvia convirtieron al Vedado en un lago. Todo se interrumpió: tranvías, luz, agua potable... Fue el diluvio universal en cuatro paredes. No se salvó ni el más pinto. La gente rica le pedía auxilio a los pobres. ¡El acabóse! Maletas, zapatos, ropas, caían en los jardines y las calles del Vedado. Era un estrépito muy grande y nadie salía a buscar las cosas. Yo vi los pianos de las casas de Malecón bailando en las lagunas que se formaban entre el muro y los portales. Las escaleras de caracol amanecieron acostadas en el pavimento y retorcidas. El policía que daba la alrma siempre llegaba tarde a las esquinas. A veces se tenía que pegar a los postes para que el viento no se lo llevara. El pito no se oía en todos los alrededores. Era una pérdida de tiempo. Vi volar los techos de las casas de madera como si fueran tapas de cazuelas. Por las lomas del vecindario rodaban las corrientes de agua, muertos, los perros, los gatos y los chivos. La peste cundió por la ciudad varias semanas. Era una peste húmeda, como de fruta podrida. La tuve pegada en la nariz más de un mes.

Miro atrás y se me erizan los pelos todavía. Aquella gente, sin nada, ni ropa, ni muebles, ni comida, si acaso un trozo de casa, salían a la calle a pedir lo que fuera. Era una manifestación de locos que no sabían para dónde coger. La cuartería donde yo vivía quedó inclinada del lado derecho por la fuerza de los vientos. Para salir tuvieron que quitar del paso un árbol de laurel que tenía como cien años y que había caído sobre la entrada. Yo pasé ese ciclón en la bodega de Veintisiete y Efe. Era una bodega que estaba sobre una loma, un poco protegida. Así y todo, éramos tantos amontonados allí que el mal fue peor. Las mujeres lloraban y gritaban. El bodeguero tuvo que amarrar muchos niños a los sacos de arroz y de frijoles para que no anduvieran revoloteando. El agua entraba por las ranuras de las ventanas. La bodega era un lago adentro, porque el ciclón del Veintiséis vino con ras de mar y truenos. Todo se unió en él. Ya digo, fue el peor que he visto. Ni el del Diecinueve ni el Toledo del Veinticuatro, ninguno. Cuando salimos de la bodega, las tablas de las casas nos sirvieron para cruzar las calles, como puentes, porque botes había para unos pocos. Caminaba uno por encima de las tejas y de los alambres del tranvía. Vi techos de madera completos atrabancados entre una acera y la otra. Y ventanas y puertas flotando hechas añicos. Todo se apelotonaba en las esquinas y tupía los tragantes. Faroles y sillones de portal a la deriva por todo Veintitrés. Estuvo lloviendo a cántaros varios días. Nadie se salvó de la catástrofe. Familias enteras quedaron al descampado. Yo vi los cristales del Palacio Presidencial hechos trizas en los jardines. Hasta Machado y su mujer bajaron a refugiarse al sótano. Luego él estuvo como dos o tres horas en su carro recorriendo los lugares donde el ciclón había hecho los mayores estragos. El de Obras Públicas iba con él. Y también un tal «Obregón Comején». Le pusieron ese mote porque se tragó el dinero que el Gobierno le dio para comprar madera para la reconstrucción de las casas de los pobres. El alcalde de La Habana, Manuel Pereira, otro bandolero, pidió auxilio a la población. El que podía daba algo. Hasta a mí me sacaron una camisa de franela y un pantalón de trabajo. La Cruz Roja iba casa por casa a pedir ayuda. Todo subió de precio. La lata de leche condensada llegó a costar sesenta y hasta ochenta centavos. El hambre que dejó el ciclón fue espantosa. Y sobre todo las epidemias de males de estómago y de pulmón. Según cálculos, hubo unos mil y pico de muertos. Sin contar heridos graves y damnificados. Un recuerdo muy grande que se me grabó fue el del águila al monumento al Maine, la que ya no está más, pues cayó de cabeza y se quedó sin alas en la calle. Las columnas del monumento también cayeron partidas en dos. El ciclón no respetó ni a los monumentos. Bueno, tampoco a la ley, ¡qué carajo!, si la cárcel de Güines se desplomó completica y los delincuentes y fascinerosos se dieron a la fuga entre vientos y rayos y la madre de Dios. Verdaderamente aquello fue el acabóse. Han venido otros, yo los he vivido, pero como aquél ninguno. Tanto es así, que muchos peninsulares sacaron el pasaje de vuelta porque decían que a ellos no los cogía otra gracia de esas aquí. Como en Galicia hay brumas y vientos con lluvias, pero livianitos, no llega la sangre al río, y ellos no pudieron tolerar esa catástrofe.

Cuando pasaron dos días, fui a ver a Mañica. La encontré muy mal, muy alterada de los nervios. Quería irse al día siguiente. Ya no le gustaba La Habana ni un tantito. Entonces empezó mi destrucción. El dinero para casarme no me alcanzaba, digo, para casarme como Dios manda, con casa buena y un ropaje decente para los dos. Le volví a pedir que esperara unos meses.

—Me quiero ir de vuelta casada contigo. Mi madre reclama por mí, y ni un ciclón de estos más.

A mí nada más que me daba por meditar. Nunca me han gustado las decisiones bruscas, no conducen a nada. Y yo veo mucho. Veía venir una época de mala fortuna. Machado se convertía en un tirano. Unos decían: «Se cae mañana»; otros: «Ni de la cama se cae», y así...

Hasta el Primo Rivera, que todo el mundo sabía lo que era, le dictaba elogios en el periódico. No se conseguía madera para nada, ni para jambas y pasamanos. Entonces la que venía de California la vendían aquí a un precio que no estaba al alcance del pueblo. Yo me las volví a ver negras. Los trabajos de carpintería estaban escasos. Después del ciclón hice algunos arreglos de ajuste, pero muy mediocres. Lo que gané lo guardé para la boda, pero entendí que no era suficiente todavía. El tranvía tuvo huelgas, los obreros queríamos salarios mayores y la patronal se ponía una venda en los ojos. Por eso, con todo, la perdí a ella. Pero de haberme casado hubiera sido una metedura de pata. Pasó así:

Como no había plata para el holgorio en la calle, empecé a ir a casa de Paco Castaña, el isleño. El ya se había comprado un *Nash* y era chófer de alquiler en el Parque Central. Ganaba bastante con el turismo americano. Y con otras cosas que para qué uno va a contar. Tenía victrola ortofónica en la casa y mesa de dominó. Se vestía con pantalones dril perro y se ponía sombrero de pajilla. Era un tipo bien compuesto para su edad. Yo lo había conocido por Veloz y Gundín y nos llevábamos bien, porque nunca le pedí un centavo. Eso lo llevo como un trofeo en el pecho. Su mujer se había muerto de un parásito unos años más atrás, y a él le decían el Valentino canario, porque se peinaba con gomina y era un poco relambido, la verdad. Pues pasó que un día voy allá con Mañica. Ya ella estaba renuente a mí, pero seguíamos. Yo no me quería ir de Cuba, pero ella lo que tenía en la cabeza era un nido de alacranes. Todo era la aldea, la mamá y el diablo y la vela. Me tenía un poco harto, pero qué manera de estar enamorado, caramba. Gundín me lo dijo:

—Manuel, yo te tengo como a un hermano, tú eres un hombre de ley. Deja a esa mujer, que se está mirando mucho con Paco.

Yo no lo oí. Pensé que eran celos de Gundín. Aunque al mes, más o menos, se me apareció en la casa donde estaba yo poniendo unos aleros y me dijo:

—Cuando quieras te doy las pruebas. Si no decides de una vez, voy a creer que eres cornudo con ganas.

Esa noche fuimos Gundín y yo a la piquera del Parque Central. Cuando nos bajamos del tranvía vimos el carro de Paco, que salía con turistas. El notó algo raro y nos gritó que fuéramos al día siguiente a verle. Yo no esperé a ningún día siguiente. Fui con Gundín a la casa de Mañica. Ya yo sabía llamarla sin tocar timbres ni nada. Grité por la reja del garaje:

—¡Mercedes Pérez!

Estaba yo que echaba chispas por los cascos. Ella salió a la reja y se asustó mucho. Era una culpa muy grande la que sentía. Gundín no abrió la boca, pero me apoyó en todo.

—Dime qué hay de verdad.

—No sé de qué me hablas, Manuel.

—Tú si sabes muy bien.

—Bueno, cásate conmigo mañana y vámonos para Galicia.

—Tú eres una malagradecida. Contigo no se puede casar un hombre de ley. Quédate con el vejete ese, que es lo que tú te mereces.

Como había una reja por medio, ella se puso soberbia. Decía que la culpa era mía total. Pero nunca me negó que se entendía con Castaña. Yo eché a andar para mi cuarto como un bólido. Iba a buscar una mandarria para partirle el corazón a Paco. Pero Gundín no me dejó. Esa noche fui a dormir al garaje de la casa de la señora de Conill, y entre Gundín y Veloz me refrescaron la cabeza. Veloz me dijo una verdad muy cierta:

—No tienes suerte con las mujeres, Manuel.

El conocía lo que me había ocurrido con su cuñada y el degenerado ese de Conrado. Y ahora otro golpe. Esta vez fue muy duro, lo confieso. Al poco tiempo me enteré que Castaña y ella se habían ido a casar a España. No sé quién me dijo que en el «Alfonso XII» y en segunda. Cada vez que oigo ese refrán de que «el tiempo trae castañas», me cago en la madre del gallego que lo inventó.

Me ofrecieron de nuevo ir a trabajar a la obra de la carretera central, pero me negué. Aquello era un infierno y yo preferí pasarla dura en la ciudad. Al menos aquí tenía más movilidad. Seguí en el tranvía y carpinteando un poco. Nunca he sido un carpintero de primera. En nada me he destacado. Soy normal. Eso sí, he trabajado más que otras gentes. No he hecho otra cosa que trabajar. El día que amanezco sin algo que hacer me debilito. Si vivo es para hacer algo.

Cuando voy al parque es para descansar. No como otros, que se pasan el día en la casa mirando la pared y luego se sientan en un banco a contar cuentos. Yo no cuento sino lo que he visto, lo que he vivido. Los cuentos valen cuando tienen de verdad; si no son cuentos huecos. No digo que no me dé a cavilaciones, pero a cuentos por gusto no. El que miente se queda luego con la culpa arriba si es hombre de ley.

Vivir es bueno cuando se ha vivido a gusto. No importa la suerte. Ahí tengo la mía, mala y peor que mala, pero he vivido a gusto. Y eso no me lo quita nadie ya. He dado tropiezos a voluntad, pero me han enseñado a conocer al ser humano. Me tocó una época dura. A cada uno le toca lo suyo, qué se va a hacer. De Cuba lo conozco todo, las verdes y las maduras. Aunque no viví en la política, la tuve de cerca. Por eso puedo decir que los puros fueron pocos. El que no vivió de la botella, se hacía de la vista gorda. Ahora bien: de un oficio a pelo, como el mío, era muy difícil para el que no tenía padrino que lo bautizara. A lo mejor si yo hubiera traído carta de recomendación, pero ni eso. Ahí está el origen de mis calamidades. Por mucho que quisieran ayudar los amigos, era poco para el sostenimiento de una vida. Así y todo, tuve mis altas y mi solaz, como yo digo. Pero ya después del ventiocho, la cosa se enyerbó de verdad. Encontrar quien quisiera servirse de un carpintero era más difícil que hallar una aguja en un pajar. El tranvía se puso tirante. No se salía de una huelga para entrar en otra. Ya le empezaban a cantar a Machado aquello de:

«A pie, a pie, a pie
a Machado le da pena;
a pie, a pie, a pie
los timbales ya no suenan.»

Como al mes del asesinato de Mella en México, estoy yo lijando una ventana en la calle Reina y siento un rebumbio de carros y voces, y de pronto dos tiros secos que suenan al lado mío. Por suerte, no miré hacia atrás y la balas me rozaron la cabeza por la parte izquierda. Tan pegaditas a mí que fueron a dar al anuncio de la barbería para donde yo estaba haciendo el trabajo. Cuando vi los huecos en el cristal de la bomba de colores, me ericé de pies a cabeza. ¡San Roque, carajo, me salvaste la vida! Por eso yo digo, un poco en broma, que soy un hombre de suerte. Si llego a ponerme de pie o a virar la cabeza no hubiera podido hacer el cuento hoy día.

A propósito de Mella, el líder, yo tengo algo en mi haber. No es mucho, desde luego, pero como el giro de carpintería contaba con algunos anarquistas y hombres de ideas justas, me vi una vez en el compromiso de dar mi apoyo a una misión de él y su grupo. Resulta que el vizcaíno que le manejaba la cuña era amigo de Veloz y por cadena mío. A veces jugaba con nosotros al dominó o a la baraja. Era de carácter seco y malhumorado como la pata del diablo. Siempre perdía en los juegos. Pero no era rencoroso. Una tarde me llama:

—Manuel, necesito un favor de ti. Tú sabes que hay que tumbar al Gobierno este.

—Yo me lo imagino —le dije—, pero no sé cómo lo van a hacer.

Era muy sencillo. De mí quién iba a sospechar. Lo que hice fue para ayudar al vizcaíno y al propio Mella, un hombre de armas tomar. Yo me ponía cerca del teléfono que estaba en la esquina de las calles Paula y San Ignacio. Por ahí hablaban los policías y yo lo recogía todo. Luego iba a donde estaba el vizcaíno y le contaba todo lo que había oído. Los policías estaban buscando una cuña crema propiedad de una parienta de Mella, la cuña que manejaba el vizcaíno. En esa cuña llevaban los manifiestos contra el Gobierno y una máquina de imprenta. Cuando le conté al vizcaíno la pista en la que andaba la policía, fue a donde estaba Mella y acordaron meter la cuña en una casa de la calle Habana. La casa tenía un portón con unos clavos de bronce del tamaño de un puño. Pintaron la cuña de rojo, le cambiaron la chapa y se la dieron a manejar a otro. Eran bravos, porque yo los veía cruzar por Prado y Neptuno como una ráfaga y pasarle a la policía por las narices. No los cogieron nunca, que yo sepa.

Una noche, estando yo en el repecho del muelle de Paula con unos amigos, vi a Mella cruzar al lado del chófer en la misma cuña. Fue la última vez que lo vi. Ese sí era de los puros. Ahora lo mencionan, ¿no? A lo mejor, de no haberle yo dado la pista al vizcaíno, hubieran convertido la cuña crema en un colador. Es lo único que tuve a mi haber, porque ya la situación para mí no daba más. Y lo que me andaba dando vueltas por la cabeza era volver por un tiempo a mi aldea, antes de que mi madre, mi hermana o mis abuelos se fueran a morir. Ya era una idea fija, aunque me faltaba completar el dinero. Yo no iba a llegar con las manos vacías.

Tengo muy buena memoria para el pasado. Mientras más echo para atrás, más claro lo veo todo. Eso le pasa a los viejos. El presente no lo recuerdo tanto. A veces me pregunto qué hice ayer, con quién hablé, qué comí, y no me viene nada a la mente. Hago un esfuerzo grande y nada. Inútil completamente. Entonces me quedo en blanco y es como si estuviera retenido o atrabancado en una época remota. La aldea, por ejemplo, me viene clarita a la memoria. Eso no se me ha borrado. También porque yo soy muy patriota y mi tierra no la olvido nunca. Pero, en verdad, hay mucho de realidad en todo. Mi aldea es muy bonita, a pesar de lo triste. Las robledas, los junquerales, las rías, el soto, todo eso es mi infancia. No lo puedo negar. En las romerías de La Tropical se cantaban las coplas gallegas y mis paisanas lloraban a mares. Sobre todo con aquella de:

«Lonxe d'a terriña ¡qu'angustias me dan!...
os que vais pr'a ela con vos me levai.»

O aquella otra que cantaba Carmen la buñuelera, gallega mil por mil:

«Son as rosas d'estos campos, olentes e bonitiñas,
¡ay, quén aló che me dera, anque deitado en ortigas!»

Esas romerías servían para la diversión y el recuerdo y lo acercaban a uno a la aldea que dejó atrás. Yo, con el Machado ya en su apogeo, empecé a sentir la morriña. Tenía miedo que mi madre se muriera sin yo verla y quería conocer a los hijos de mi hermana Clemencia. Cuando a uno se le mete una idea fija en la cabeza, no hay Dios que se la saque. Me pasó a mí, pero tuve que esperar como dos años más. Trabajé en todo. El tranvía era un deshecho. Me metí a participar en una huelga y me mandaron a freir tusas; sin suplencias casi no podía mantenerme. Carpinteaba algo, pero cuando caía obra de peón la aprovechaba también. Ya no había quien abriera el pico. Machado suspendió las garantías constitucionales después de su reelección y puso sordina a todo el que no pensara como él. Las fortunas cayeron. Los bancos quebraron. Hombres de pistón verdad se volvieron fantoches. Se ahorcaban o se envenenaban. Fue otro desastre peor aún que el ciclón del veintiséis. Hubo familias enteras arruinadas. Otras decían que se habían quedado en el aire y les quedaba dinero fuera del país o en las almohadas. Se formó un ruido muy grande con el asunto del crac bancario. Por lo que llegó a mis oídos, fue mundial. Como he sido muy precavido siempre, el dinero mío nunca lo metí en banco de nadie. Lo guardaba yo a buen recaudo en las medias más viejas que tenía, sin esconderlo. Siempre lo tuve a la vista, y era donde estaba más oculto. Una vez pensé dárselo a Veloz para que lo pusiera en su cuenta, pero me aconsejaron que no lo hiciera. Ese fue una vez más avispado que yo. Jamás me han robado un centavo de mi plata. Gracias a eso he podido hacer algunas maromas. No es que el dinero sea todo, de puro cierto que no, pero ayuda, eh, ayuda.

Uno llega de la calle con el alma en los pies cuando no ha hecho un quilo, cuando las cuentas le han fallado; mira para el rincón donde está echada la gallina y se anima un poco. Hasta la toca como si fuera una cosa viva, ¿verdad? Lo que no se puede es ser avaricioso. La avaricia rompe el saco. Yo vivía del trabajo, no como otros que eran chotacabras o guaraibos, como les dicen aquí a los pajaritos picadores que viven del aire, es decir, que pican bichos al vuelo. El guaraibo aquí era muy común, ni siquiera tenía casa, como el mismo pajarito, que no hace ruido tampoco. Yo sí no podía vivir del aire; primero, porque soy hombre de ley, y, en segundo lugar, porque era un extranjero hasta que me hice ciudadano cubano a mi regreso de Galicia, cuando pedí retiro. Por eso el dinero, aunque a gotas, no me faltó para comer. Cuando peor estaba la economía en Cuba, yo tenía ya algo a mi haber. Podría no darme lujos, pero, eso sí, del cuarto no me iban a desalojar. Al contrario, por un asunto que pasó, me cogí la parte de Alfonso simplemente echando abajo la pared. Fue una ampliación para poder hacerme un baño adentro. El problema fue que Alfonso se metió en un rollo con una tal Margarita y la policía le cayó arriba. Como los chinos salen en racimos, la policía cogió a uno que le decían Ajoy y a otro de apellido Chong. Ninguno habló. La policía les preguntaba por la Margarita y ellos contestaban:

—Yo no sabe.

Margarita visitaba a Alfonso hasta un día en que amaneció ahorcada en el baño del solar de Diecisiete. Todo quedó velado. Fue una sombra de silencio lo que cayó sobre aquel caso. Alfonso fue acusado por comprobación de huellas y porque le quedaba un trozo de soga debajo de la colchoneta. Lo mandaron a prisión perpetua. El no habló. Los otros salieron a la calle en libertad ganada. Me veían bajar Paseo y me saludaban como si nada. Yo miraba para el tren de lavados o me sentaba en un banco del parque frente a ellos para ver si soltaban algo. Era inútil. Tenían una guerra muy grande con la divulgación. Eran tumbas de verdad. Alfonso murió de tosferina a las pocas semanas, y yo tumbé la pared y le vendí la cama y el colchón a una paisana mía. Así amplié el cuarto. La dueña no se enteró de aquel ardid mío. Ella no iba allí ni a cobrar el alquiler, ¡qué va!, eso era una deshonra para una dueña.

Pues ni ampliado como estaba quería quedarme aquí. Se veía venir una contienda civil. La atmósfera se estaba cargando demasiado. Y a Machado se le habían subido los humos a la cabeza. Si tenías algo asegurado, venía una huelga y te rompía el pasodoble. Los políticos se habían corrompido de pies a cabeza. Machado mismo lo único que hacía era escribirse con Primo Rivera o montar zepelines sobre la pista del hipódromo. Y abajo la orquesta de Corvacho tocando sones. ¡Qué carajo era esto!

A mí no hay quien me haga cuentos de este

país. Sé hasta dónde el jején puso el huevo. No vi matar a Trejo de milagro. Ese día andaba yo haciendo un trabajo de carpintería en la calle Hornos, no puedo olvidarlo, y sentí el tiroteo. La Universidad venía cerrada hacía un tiempo; todo era una mortandad absoluta. De República a esto no le quedaba más que el nombre. Trejo fue el primer muerto grande del machadato. Desde que subí por San Lázaro vi la calle toda llena de policías, a pie y a caballo. Ya en Jovellar se había formado una caballería. La policía asustaba al pueblo con unos caballos grandísimos, de los que no hay en Galicia. Los hacían relinchar, los paraban en dos patas. Era alarde de guapo con porra. Hasta el parque Maceo estaba cundido de estudiantes que iban a subir para la Universidad. Gritando consignas, llegaron a un parquecito, que todavía está, y ahí fue donde les dieron la encerrona aquella. Dicen que Trejo iba gritando: «¡Viva Cuba libre!», y que se formó ahí mismo una refriega, donde lo mataron a balazos. Murió a las pocas horas en el hospital de emergencias. El entierro fue grandísimo: estudiantes, obreros, familias enteras... Yo no llegué al cementerio de Colón, pero me paré a mirar la manifestación, porque me ha gustado ver para que no me cuenten.

Esto no daba más; si no salía zampando de aquí me cogía la hambruna otra vez. A Machado le pedían jornada de siete horas, y él contestaba con desempleo; le pedían transporte gratuito para los desocupados, y él aumentaba el precio de las guaguas y los tranvías. Libertad de presos, y rellenaba las cárceles por día. Una cárcel cubana con mujeres detrás de los barrotes era algo casi normal. ¡Quién me iba a decir a mí que yo iba a ver a señoritas decentes metidas allá dentro y retratadas en el *Diario de la Marina!* Se reían en las fotografías, pero la pasaban bien duro, porque ése no creía en sexo débil ni un carajo. Ahora, las mujeres de este país siempre han sido templadas. La señora Dolores Guardia tenía escondidos más de treinta rifles en el pozo del patio de su casa, y cuando la policía vino a registrar ella les dijo:

—Pasen, que tengo un arsenal en el pozo, porque yo soy la culpable de que aquí no haya paz.

La policía ni entró. Ella estaba casada con un montañés que bien pagaba los arreglos y que estaba en contra del Gobierno. Era la casa de la calle Hornos.

Flor era una miliciana de pelo en pecho. Yo le hice un merendero en la casa con madera de caoba y pencas de guano. El padre fue general mambí y ella era casi mambisa. Cuando le llegó el turno de hacer algo, se compró un Fiat descapotable y lo llenó de dinamita para los revolucionarios. Ella misma manejaba, cosa que en esa época se salía del plato. Y fumaba tabacos Larrañaga.

—Manuel, tráigame un tabaco de la bodega y cójase el resto.

El padre no la podía ver fumar. Mientras yo levantaba las tablas del merendero, ella se sentaba y a halar humo. Si venía el general, me silbaba y yo iba y agarraba el tabaco. Era una mujer bonita, como su hermana. Las dos tenían novios, porque, con todo y el cuento, eran señoritas femeninas. Pero al grano: Flor no tenía carnet de política, y el jefe parece que se lo negaba. Entonces ella llegó un día a la casa y le contó a la hermana los detalles.

—Mira, el cometrapos de Saladrigas, que no hace más que hablar de sexo débil, me niega el carnet. Y al fin y al cabo yo le he entregado a la revolución más de cincuenta libras de dinamita, y ya tú verás cómo me lo va a tener que entregar.

A los pocos días, ya terminado el merendero,

viene la señora Flor y me enseña su carnet de revolucionaria. Así eran ellas. Si no, a preguntarle al que tenga mis años y haya vivido en Cuba. Aquí primero escupía la colorada sobre la lona Kid Chocolate que una mujer de esas. Luego fue igual en la Sierra Maestra. Las mujeres cubanas son de armas tomar, sí señor.

Tenía reunido algo, no todo. Soy del criterio de que cuando uno da un paso debe ir al seguro. Me quité de mujeres, de bolos, de billar, de dominó... Como quien dice, me vestí de santo. A Gundín le iba bien en lo suyo. Allí tenía techo y buena comida. Veloz, con dos casas, estaba regalado; la curra lo atendía bien. Y la señora de Conill confiaba más en él que en su propio esposo. El que no tenía padrinos era yo. Por eso me quise largar. En el fondo, buscaba estabilidad y familia, pero sin nada que ofrecer a cambio. Así y todo, me podía dar con un canto en el pecho. Tenía un cuarto con baño adentro y una pollona echada. Para lograr eso pasé calamidades. Tuve días en que sentí las tripas dándome retorcijones allá adentro, porque el aguacate nunca me gustó. Y era lo que más había aquí, aguacate con harina, «rubia con ojos verdes». Pero ni muerto. Lo que no entra por los ojos no va a la boca. A pie llegaba a casa de las gallegas de Santa Clara número diez, me comía mi buen caldo gallego aldeano y salía de nuevo.

—Hijo, ya es hora de que te cases con una buena mujer.

—Sí, cuando aparezca.

—Se busca, hijo, se busca y se encuentra.

—Si no aparece sola es mejor andar al trote.

—No digas eso. Un joven como tú necesita mujer.

—Sí, necesito, señora, pero mujer, no ramera.
Me ponían mala la cabeza cada vez que iba

allí a comerme un plato. Las aguantaba callado la mayoría de las veces. Entonces me preguntaban por qué no hablaba. Y es que no puede uno tener vida privada, ¡le ronca el cachelo, carajo!; el mundo está mal hecho, hasta para comerse un plato de comida tiene uno que permitir que le metan el hocico en el culo.

No era yo de los más desgraciados. Hubo quien se envenenó por carecer de numerarios para regresar a España. Lucrecia Fierro se enterró en la barriga un cuchillo de picar huesos y salió por toda Diecisiete echando sangre, hasta que la cogieron ya muertecita. Y un afilador llamado Manuel Ruiz, como yo, se subió a una mesa y puso la cabeza en un ventilador de aspas grandes para que la llevara de un tajo. Se hizo magulladuras graves y luego confesó que había recibido una carta de su hermano donde éste le comunicaba la mala nueva de la muerte de su madre.

No me podía volver loco, pero quería ver a mi familia antes de que se me fueran a morir. Ya llevaba quince años en esta tierra, que es muy linda, pero extrañaba lo mío. Gordomán fue quien me sacó del apuro. Consiguió que yo levantara los quioscos de madera de las verbenas organizadas por el Centro Gallego en La Tropical, para celebrar los triunfos seguidos del Deportivo Gallego frente a la Juventud Asturiana. En esos trajines me pasé los carnavales de marzo del treinta y uno. Rondallas al aire libre, piñatas, fuegos artificiales, romerías, lo mismo de siempre. Ellos en su juerga y yo pegando tablones y martillando. Levanté alguna presión. Estaba cerca de lo que aspiraba, cerca nada más. Tenía que llegar a Pontevedra con las manos llenas y con dinero para invertir. La gente del partido de Celanova me ayudó con veinte pesos. Ellos sabían que si yo iba llevaba recados, cartas, regalos, lo que fuera. Una tarde, dando vueltas en el Marianao-Parque Central, sube al tranvía un billetero con el terminal 225. Lo compré con los ojos cerrados y me saqué cien pesos redondos. No se lo conté a nadie. Cobré en la vidriera y fui a La Competidora, en Indio y Gloria, con mi maleta vieja. La entregué y me dieron un baúl mundo de cien pesos, nuevo de paquete. Lo metí todo ahí: ropa, zapatos, cuellos de pajarita, chucherías... No lo pensé más. Pagué el cuarto, saqué mi pasaporte y me fui a despedir de los amigos. Yo les decía: «vuelvo». Y ellos se reían. Gundín fue el único que me aseguró:

—Tú vuelves, Manuel.

La verdad es que yo no sabía a derechas ni una cosa ni la otra. Embarqué en tercera en el vapor *Orinoco,* alemán también como el *Lerland.*

Dejamos el puerto caída la tarde. Llovía a cántaros cuando cruzamos frente a la farola del Morro, pero sin ventarrón. No miré atrás hasta que no llegamos al veril. La Habana ya no se veía. Todo era mar.

LA GUERRA CIVIL

> Qu' adonde queira
> que vaya
> cróbeme unha sombra espesa.
>
> ROSALÍA DE CASTRO

IV

Llegué a La Coruña con un frío de mil demonios. Se me entumecieron los huesos y me empieza una tos que no se me quitaba ni con el remedio de Chamberlain. Me había acostumbrado a La Habana, al calor, al sol, y aquella nieve me cogió desprevenido, sin abrigo, sin una gorra presentable; llegaba como si nunca hubiera conocido el clima de mi tierra. Lo primero que noté fue mucho silencio. La Habana es tan alegre después de todo. Llegando y extrañando, la verdad. Con el maldito frío se me puso el pie hinchadísimo. Casi no lo podía apoyar. Por eso he odiado el frío toda mi vida. Se me nota más la cojera con él. Aunque en Galicia nadie le dice a uno: «Oye, cojo», ni nada por el estilo. Te miran de arriba abajo y luego se hablan al oído. A mí me pueden mirar y decirme botija verde, que no hago caso, pero jode mucho, ¿eh? Pues esa es Galicia. Todo es al oído ajeno y bajito. Y después huye, porque te han echado maldiciones, y si te paras es por un milagro de Dios. Es el cotorreo de la aldea. En Cuba pasa también, pero es más descubierto y se evapora en días. El gallego es para adentro. El cubano no; el cubano es un andaluz con sombrero de pajilla. No puede guardar, todo lo suelta a la corta o a la larga. Y si tiene que decir algo, te lo dice en tu cara, a tono de chiste, o bien encabronado. Aquí vida privada casi no existe. ¿No iba yo acaso en mi tranvía y subía alguien con un problema y me lo zumbaba a quemarropa? Me enteré de cosas bien serias: razones de divorcio, tarros pegados, enfermedades venéreas... El tranvía era una consulta. Al día siguiente subía la misma persona ya sin el problema a cuestas y no te saludaba. Es así; por eso he vivido siempre mirando y dejando. Para arreglar el mundo hacen falta muchas cabezas despejadas, porque la verdad es que el mundo es muy complicado. Cuando uno se cree que está al derecho es que está al revés, y cuando uno cree que está al revés está al derecho. Ese es el origen de las sorpresas, de los sustos que uno se lleva. Sé poco, pero he vivido mucho. Dicen que el diablo sabe por viejo, pero eso es un cuento de camino. Todavía no puedo decir que lo sé todo. Cada día aprendo algo nuevo. Es lo bonito de la vida.

No soy supersticioso que digamos, pero creo que llegué a España con el pie izquierdo. Todo me empezó a salir mal. Bajé dando traspiés. Parece que se cumple el refrán de «nunca mires atrás». Pero yo tenía que volver a cuenta y riesgo, si no enfermaba. Había reunido lo mío con mucho sacrificio y quería darle a mi familia la alegría de llegar con las manos llenas. Esa es la alegría mayor que le puede dar una persona a otra. Se demuestra el cariño con sacrificios personales. Por eso no acepto que digan, como dicen, que el gallego era mezquino y egoísta. El gallego ahorra para su familia y para el porvenir de sus hijos. ¿Qué clase de egoísmo es ése si él no se beneficia para que sus descendientes disfruten una vida mejor? Egoístas los tahures, que se lo bebían todo sin acordarse de una madre o de un hijo. He conocido peninsulares que llegaban a Cuba y se ponían a vivir como gatos en las trastiendas de las bodegas, casi sin asomar el hocico, para ahorrar y volver al pueblo con un baúl lleno de cosas.

Se habla mucho en la calle. Se habla mucho en los parques; no siempre la verdad. De no haberme sacrificado como lo hice, no hubiera podido regresar a Galicia como regresé. ¿Que ha sido una suerte negra?; bien, pero la alegría que le di a mis parientes no me la quita nadie. El dinero es para invertir en cosas productivas, no para despilfarrar. Si no pone uno un centavo encima del otro no llegará nada. Dinero llama dinero. Lo digo, que sin suerte, porque todavía hoy soy un pobrete; ahorré un poco y tuve mi solaz. Claro, me dirán, el dinero no es todo, pero ayuda, es el comodín del dominó. Un salvavidas. Siento no haber podido ahorrar algo más. Como la suerte no me acompañó para hacer fortuna, se me unieron dos males, el de la escasez y el de los tropezones.

Llegar a mi tierra después de tantos años y encontrarme lo que me encontré se llama tener una mala estrella. Compré un abrigo en el mismo puerto. Y empecé a rodar. El ómnibus no salía hasta la noche, así que me puse a mirar los alrededores y aclimatarme un poco al invierno. Tenía la cabeza llena de ideas. Iba a dar una sorpresa a toda mi familia y a los amigos. Mi única preocupación era Casimira. Por otra parte, me decía yo para consolarme, a lo mejor se fue de la aldea o se casó y todo cogió rumbo de vientos, ¡qué sé yo! El caso era no llegar con bulla. Así lo hice. El bus, recuerdo, lo habían repintado como de tres colores, y daba unos trompicones que lo ponían a uno con la cabeza a ras del techo. Las ventanillas estaban rotas, así que el frío que pasé durante el camino no se lo deseo a nadie.

Cuando uno vuelve a su tierra todo parece que se ha achicado. La parroquia me pareció de juguete, la placita igual. Hasta los caminos eran trillos de tierra, y no como yo los había imaginado en la memoria. Pero el susto que llevaba sí era grande. Volver a encontrarme con todo de nuevo para no saber qué hacer, qué decisión tomar. Yo no iba con mucho afán de golondrina. Yo quería ver a mi familia, tantear, y si no me salía bien el tiro volver a La Habana. Todavía no había más que unas horas y ya extrañaba, por el clima y por la alegría. Y eso que aún no había hecho familia, porque la suerte en ese giro no me había acompañado.

El bus me dejó a una tirada de mi casa. En Galicia una tirada son tres kilómetros. Nosotros éramos de campo verdad. Me bajé en un camino de yerba como a las siete de la mañana y cogí tierra adentro en una jaca alquilada para llevar el baúl. El mismo que me la alquiló, y que iba conmigo, me dio avances de todo. Por suerte, conocía a mi familia y sabía de mí.

—Su abuelo no hace más que hablar de usted.
—Gracias —le dije.
—El dice que la fortuna lo ha acompañado bien.
—Gracias, muchas gracias.

Le regalé unas cuantas pesetas y una botella de Peralta. Luego le pregunté por Casimira y me contó vida y milagros. Ya no estaba en el pueblo y todo se había vuelto agua y sal. Un gañán se la había llevado a Vigo, según cartas, lo que hacía presumir que tenía vida estable con él. Nadie sabía nada, nadie hablaba de ella. Me alegré mucho de la noticia. Fue un peso que me quité de encima. Al cabo de un tiempo de haber llegado, me enteré también que lo que pasó entre ella y yo no tuvo mucha importancia. Nunca quedó embarazada y, al parecer, no la dañé en su virginidad como yo creía. Todo fue una tormenta en un vaso de agua. Pueblo chiquito, infierno grande.

Con la cojera mía, el camino ese me pareció infinito. Además llevaba un nerviosismo muy grande, que le contagié al señor de la jaca. Tanto fue así, que cuando vio la casa mía se echó a correr gritando el nombre de mi abuelo. La casa se me volvió una borrasca. Me adelanté un poco, a pesar de mi cojera. Por momentos no veía nada. De pronto sentí a mi hermana caer sobre mí, tan grande como era, y besarme los cachetes y la frente. No pude decir ni esta boca es mía. Ella gritaba mi nombre, que sonaba lindo, porque era dicho por lo que más quería yo. Al rato se apareció el abuelo muy sonriente y me dijo:

—¡Manuel, has vuelto! No te esperaba. ¡San Roque te bendiga!

Era tanta la alegría que hasta de San Roque se acordó el abuelo. El hombre de la jaca lloraba como un tonto. Entonces yo hice lo mismo. ¡Quién se podía contener después de tantos años! Lloré más cuando el abuelo me dijo al oído:

—No preguntes por tu abuela, Manuel, no te quisimos dar la mala nueva.

La casa se llenó de amigos. Pero yo no tenía felicidad. Todo estaba peor, más desvencijado, el parral seco, la puerta rota, la chimenea en desuso casi y el tapial del *patín* en el suelo completamente. Era un destartalamiento total. Se me cayó el alma.

—¿De qué se ocupa usted, abuelo?

—De tu madre y de tu hermana, Manuel.

Mi madre era el espectáculo más doloroso de todo aquello. La encontré de pie, con una escoba sin mango, sorda y ciega, sin saber qué estaba pasando. Mi hermana me obligó a besarla. La besé y le dije:

—Soy Manuel, madre.

Pero ella no hizo ni un gesto, ¡qué va, era un traste quieto ya! Clemencia no dejaba de llorar. Abría los ojos para verme bien, me abrazaba...

—Tengo dos hijos, como tú sabes, Manuelillo y Angela.

—Lo sé, pero no los conozco.

—Se fueron temprano a la escuela de la hija de Carmen. Ya saben leer y escribir como tú.

—Pues que vengan para que me den al menos una alegría.

¡Qué iba a imaginarme yo que el marido de mi hermana había salido un tahur! La dejó con la barriga de Angelita y se fue a tomar rumbo a América.

—Me voy a un negocio grande; vuelvo de indiano, Clemencia.

Pasaron diez años, y el muy cabrón ni vuelta ni carta, nada; los dejó con una mano delante y la otra atrás. Por eso mi casa andaba tan mal. Hasta mi abuelo, que siempre había sido un hombre parado, estaba más desvencijado que un muro. Mi madre se enteró de mi llegada por la tarde. Clemencia le explicó a su modo y ella, muy ronca, gritaba:

—¡Manuelillo, Manuelillo, no te veo, no te veo!

Y me besaba y me abrazaba. Todo eso me llenó de pena. Fue ahí donde, sin esperar a los niños, empecé a repartir los regalos que traía en el baúl mundo. Repartiendo y recibiendo peras, albaricoques, manzanas. Los amigos de mi casa se desvivían por ofrecerme frutas. Regalé de todo. Mi abuelo en seguida se puso su jipijapa dentro de la casa. No se lo quería quitar. Cuando llegaron los niños, lo quisieron ver todo. Les di pares de medias, camisas, aretes para la niña y hasta un juego de soldados para Manuelillo. Mi abuelo estaba orgulloso con su reloj de pulsera marca suiza; no se lo quitó ni para dormir. Le preguntaban la hora y él contestaba lo que le parecía, como no conocía los números romanos... Poco a poco, Clemencia fue poniendo los regalos en un mueble viejo, junto a la pared de yeso de la sala. Era una exhibición de mi llegada a la casa.

—Tenemos hombre que nos represente —le decía a los vecinos.

Los niños me decían tío con propiedad, aunque a mí me sonaba raro en los oídos. Manuelillo se daba un aire a mí, iba a ser de poca estatura y de mente despierta. Angelita era la estampa viva del padre, alta y tosca en las facciones, pero con unos ojos azules muy bonitos. Todos los días me preguntaba:

—Tío, ¿qué me has traído?

Razón tenía para preguntar, porque la aldea era un desierto. Los niños no conocían otros juguetes que las azadas y las ruedas de carretillas. Igual o peor que en mi época. La aldea era una gran soledad.

Busqué oficio de carpintero sin éxito. Allí todos carpinteaban por vocación, y, en honor a la verdad, me superaban. Sembré por tiempo corto. El campo no me gustó nunca. En Cuba, por una jornada de doce horas, el campesino cobraba veinte centavos, y trabajaba dos meses al año. No he cortado una sola caña; lo mío ha sido todo en la ciudad.

Mi abuelo me regañaba como si fuera yo un mozo. Ya no conocía el campo y me portaba como una cabra en piso de cemento.

—¡Ca, la siembra contimás se pise mejor! Manuel, no te hagas el señorito.

Me costó trabajo adaptarme. Pasé el fin del invierno mosqueando a la familia. Paseaba por los campos de trigo, me ponía a oír las esquirlas del ganado cuando subían por los lomeríos, fui casi un vago por unos meses. El abuelo no se ocupaba de nada. Vivíamos de la colecta y de las cabras. Se puede decir, sin equivocación, que pastaban solas.

—Abuelo, usted no se ocupa de nada.
—De nada me ocupo ya, hijo.

Los años le cayeron de golpe. Si no llego en esa época, mi familia se hubiera descalabrado. Vivimos un poco mejor con el dinero que llevé. Se arregló la casa, se sembraron parrales, se curaron las cabras. Pero un día se acabó el dinero. Y casa sin plata es como nube sin agua. Así que tuve que comprar unos molinos de trigo de tres pisos. Me costaron unas diez mil pesetas. Yo solo trabajaba los tres. Luego vendía la harina a los comerciantes. Negocio sin ventajas, pero negocio al fin. Mi abuelo no podía ya ni con su alma. Se sentaba en un banco de piedra con dos o tres amigos a contar de lo que fue y tal. Cuando llegaba yo a la casa, la Angelita me esperaba con una alcancía de barro en la mano. Tenía que tirarle unos cuantos céntimos todos los días. ¿Quién iba a negarle eso a una niña de diez años? Me empecé a sentir preso dentro de la familia. Cada día era un compromiso más, una responsabilidad más. A veces una idea fija se me posaba en la cabeza: volver a La Habana. Le escribí a José Gundín, contándole con detalles del mal que encontré en mi casa. Me contestó con un radiograma: «Cuando desees volver, comunícamelo.»

Machado estaba a punto de caer, La Habana estaba todavía muy revuelta, y tenía que dejar muy encaminada a mi familia. No le contesté nada. Los años volaron. La aldea me caía como una pesadez. Los molinos me llevaron al hospital. Casi tienen que extirparme un pulmón. La harina, por la frialdad, me los iba comiendo. El médico de la aldea, un tal doctor Pérez Cosme, me prohibía trabajar en ello. A los dos años de hacer algunas pesetas con la harina, la tuve que dejar. Es un destino mío. No estoy en nada mucho tiempo. Ya me he resignado a ser piedra movediza. No es que sea mi gusto, no; hubiera querido una vida más estable, pero uno es como es, y por mucho que quiera cambiar...

Compraste cabeza y le has cogido miedo a los ojos, me decía mi abuelo. Y no era eso.

Los molinos daban algo, pero me minaron por dentro. El salto fue grande. Cambié de oficio de la noche a la mañana. El hijo de Ferreiro se había hecho chófer de ómnibus y tenía contactos en la policía, así que me compró una licencia de conducción y me dijo:

—Con esto te ganarás la vida.

El sacó provecho. Le compré su *Studebaker* viejo de siete pasajeros. Un coche especial para colectivos. Me costó seis mil pesetas. Tenerlo era un lujo en la aldea. Bueno, me hice popular. Hasta las cabras se subían por el estribo y paseaban en él. Entraba a la aldea lleno de cabras. Tenía una bocina de pera de goma al lado izquierdo, de las que ya iban desapareciendo. Corría mucho más que un caballo de buena andadura. Cuando yo quería espantar las cabras, tocaba la pera y ellas salían desbocadas por el susto. Los niños no sabían si correr detrás de las cabras o del *Studebaker*. Al principio me fue muy bien con el coche, pero tuve mala pata. Para el transporte entre aldeas trajeron unos buses colectivos, como las guaguas que había en La Habana, descubiertas por ambos lados y con cortinas de tela para cuando llovía o arreciaba el frío. Además, el coche me salió malo. Paciencia no me alcanzaba para los ponches y los desperfectos. El pasaje no cubría gastos. Mientras los coches cobrábamos sesenta céntimos por tramos, las guaguas lo hacían por la mitad. Me cayó la peste bubónica arriba. Si yo digo que ese viaje a Galicia fue una metedura de pata. No me quedó más remedio que irme a Vigo, a la agencia de un tal Gato, y vender el coche en cinco mil pesetas.

Volví a Arnosa con el ánimo en los pies. Le

dejé un poco de dinero a mi hermana y me despedí temporalmente para irme a Madrid a buscar fortuna, porque yo nunca he mirado atrás, a pesar de los tropezones. Vuelta a despedirme de mi familia, vuelta a la aventura. Por suerte, un amigo mío de La Habana, Aniceto Barrios, ya estaba instalado en Madrid. Llegué a la Estación del Norte con una atmósfera de pugnas políticas muy caliente. La estación me gustó mucho. Tomé un coche de alquiler y me le aparecí a Barrios en el tinte donde él trabajaba con un cargo honroso. Me dio la bienvenida como un hermano. Nos habíamos conocido aquí, cuando yo estaba de conductor. El era un hombre trabajador, muy amante de España; nunca se sintió bien en La Habana. Ni el dinero se lo quería gastar aquí. Tomaba como una cuba a costa ajena. Ese era Aniceto Barrios.

El tinte, aunque pequeño, estaba situado muy cerca de la Puerta del Sol, en el corazón de Madrid. Si mal no recuerdo, era la calle Alvarez de Gato, número dos. Tenía buena clientela y mucho movimiento. Estuve allí como tres años. Lavaba, planchaba, repartía la ropa. Me aprendí Madrid de punta a cabo. Por las noches jugábamos a la brisca o al dominó y luego comíamos churros o nos íbamos al Mesón de la Mazmorra a tomar vino con chatos. Madrid era muy alegre, aunque ya en esos años se iba poniendo difícil por las amenazas de Franco desde Marruecos contra el Gobierno de la República. Se olía eso en el ambiente. En el tinte todos simpatizábamos con la izquierda republicana. Era de suponer que, como trabajadores, fuéramos simpatizantes del Gobierno, por lo que hacía y por las promesas a los obreros. Pero no todo Madrid pensaba igual. Las derechas eran muy fuertes y las izquierdas tenían sus disputas. Yo no soy político puro, pero puedo afirmar que faltó la unidad. Madrid se revolvió mucho. Toda España, diría yo.

Empecé a ahorrar algo, por si las moscas, y me criticaban bastante. Por las noches me quedaba en el tinte a mirar a la pared, más nada que eso. Aniceto y los otros a la brisca, al dominó, y ¡qué viva la pepa! Pero yo, precavido, quise tomar lo mío para volver a La Habana por unos años más. En ese interín conocí a una mujer llamada Josefa Garay. Nos enamoramos y la llevé al tinte conmigo. Josefa planchaba gratis y hacía la ropa como nadie. Ahí me entretuve un rato, para no seguir mirando a la pared. Ella escribía las cartas a mi casa, donde yo le contaba a mi abuelo las mismas sandeces de siempre. Que le diera ánimo a la hermana, que cuidara las cabras y los niños, que no dejara que se muriera el parral y que yo volvería pronto, cosa que era mentira, porque atrás sí que no iba a dar un paso. Mucho menos con lo que venía. Extrañaba mi aldea, siempre la he extrañado, pero hubiera querido que ella fuera más grata, quiero decir por el hambre que se pasaba y por las penurias. En cuanto a belleza, bueno, no he visto yo nada más bonito que las colinas gallegas cuando el humazo las cubre, y las rías grandes y el verdor, que es el más brillante que hay. Todo eso en el recuerdo va bien, pero cuando uno tiene que vérselas allí, sin entretenimientos, sin trabajo, en fin... Con todo y lo que se avecinaba, me quedé en Madrid y me cogió la guerra. ¿Quién me lo iba a decir? Yo metido de cabeza en una guerra.

Como en el mes de julio del treinta y seis, un día de calor muy seco, mandé a Josefa a Bilbao en un tren de noche. Era tonto que se quedara en Madrid. Hubiera sido un egoísmo mío tenerla a mi lado. La guerra estaba ahí ya y ella, como todas, clamaba por la familia.

—Coge el tren y ve con ellos. Yo me quedo por si las moscas.

La verdad es que entre Aniceto y los otros me habían convencido, con razón, de que la República era el mejor Gobierno que había tenido España. Mis luces me lo decían también. Había libertad para hablar, muchos obreros en las dirigencias de los sindicatos, críticas justas al clero y soberanía de actuar. Se le dio el voto a la mujer y se aprobó la Ley de Divorcio. Era increíble. Por primera vez en mi vida me hice de una política fuerte en la acción. Se vivía en un régimen de pura cepa democrática. Ya sin Josefa, le escribí una carta a mi abuelo que parecía más un manifiesto que otra cosa. Era el ambiente de Madrid. Se la leí a Aniceto y me dijo:

—¡Caramba, Manuel, qué orgulloso estoy de ti!

A los pocos días cayó una bomba en la parte de alante del tinte y nos dejó en la calle y sin llavín. Tuvimos mala pata, porque fue, creo yo, la primera que cayó en el centro de Madrid: calle Alvarez Gato, número dos. Gracias a Dios que de esa salimos ilesos. Pero salir de ahí como un cohete y llegar al cuartel de reclutamiento fue lo mismo. ¿Qué íbamos a hacer con todo eso chamuscado y sin un céntimo en el bolsillo? Así fue que me hice miliciano a punto de reventar la guerra civil en Madrid. Nos dieron un «mono» gris en el cuartel de entrenamiento de Madrid. Y a mí, como todo me queda grande, me lo tuvieron que recoger de atrás. Parecía una res colgada de un gancho. Las mangas me quedaban anchas; el casco era para la cabeza de un enano, no para mí. Entrené con una pistola Astra, de las que habían sido ocupadas. Hasta cantimploras tenía entonces. Luego se puso la cosa dura y el agua la tomábamos con las manos, cuando aparecía. Todo al principio parecía un juego. Madrid entero estaba seguro de la victoria. Nadie sospechaba la catástrofe que nos esperaba. En la guerra todo es sorpresa. Cree uno que se ha perdido una batalla y se ganó. Y a la inversa. Por eso la última palabra la dicen las balas, no los discursos. Madrid era un hervidero al comienzo de la guerra. Todo era holgorio. Caía una bomba y el pueblo gritaba: «¡Viva la República! ¡No pasarán!» Más tarde un silencio, la vida aparentemente normal, tranvías y todo, y de pronto otro bombazo. La guerra es una pesadilla en vivo. Voy a explicar por qué.

El primer cuerpo al que pertenecí fue el de las Milicias Gallegas. Aniceto y yo nos inscribimos en seguida. Allí, en el cuartel de Albacete, encontramos gente de La Graña, de Arnosa, de La Toja, de Villalba, de toda Pontevedra. Eran voluntarios que simpatizaban con el Frente Popular. Los gallegos dijeron un sí muy rotundo en la guerra. Al menos los que estábamos en aquel entonces en Madrid éramos casi todos de la línea popular. No digo que no habría algún que otro falangista, pero eran los menos. Los catalanes también dieron un paso al frente. Muchos se llamaban anarquistas y hablaban boberías a troche y moche. Llevaban melenas atadas con cintas, iban barbudos, y hasta se colgaban collares y pulsos hechos con balas. Muy bocones y alardosos, como en Cuba, lo mismo. Se ponían a gritar consignas de libertinaje, le sacaban dinero a los comerciantes, pedían joyas a las mujeres ricas, hacían desmanes de todo tipo. Dos de ellos, hermanos Crucet, muy jóvenes, salían por las noches a pintar de rojo y amarillo los tranvías de Madrid. En vez de organizar milicias fuertes contra el fascio, formaban unos revuelcos en las calles, en los cafés, donde quiera. ¡Madre mía, esos anarquistas eran la pata del diablo! Si leían una consigna del Frente Popular que no les gustaba, cogían una lata y una brocha y la cubrían con pintura negra. ¿Y qué les gustaba? Nada, joder a Cristo y mear postes.

Como nacionalista, me sentí bien al principio

en la Milicia Gallega. Por algún lugar tenía que colarme en la guerra, si no me moría de hambre en Madrid. Aniceto cogió valor en seguida. A mí me preguntaban a qué me dedicaba y les dije que a todo. Yo en una guerra soy útil por lo que sé de carpintería. Sin embargo, me emplearon de chófer como primer oficio. El médico me colgó el sanbenito de enclenque, por ser yo cojo. Y por esa razón me restaron valores y casi no pelee. Vi muchos muertos y muchas batallas, pero nunca maté a nadie así, a quemarropa, que yo recuerde. Participé en fusilamientos de traidores y espías. A lo mejor mi bala dio en el blanco, pero nunca me asignaron misión de dar el tiro de gracia. Ni siquiera me gusta el olor a pólvora. Yo era nuevo de verdad y de guerras no conocía. Hay quien va a la guerra a ver sangre, otros a cumplir con la patria; ése era mi caso. Por eso vivo agradecido de mi cojera. No era lo mismo un chófer que un miliciano de infantería. El coche me servía para todo. Me guarecía en él, me protegía de las ametralladoras y dormía adentro con una botella de vino para amanecer atontado. El vino ha sido siempre el santo patrón de España, digo yo. Así y todo, vi demasiado, y no se olvida bien lo que se ve en una guerra, que más que una guerra fue una carnicería.

Primero tuve que olvidarme de mujer y de familia. Es triste confesarlo, pero a la Josefa no la vi más. Tampoco ella me escribió, ni siquiera un envío de los que se daban a través de la Cruz Roja. Se la tragó la tierra. Con Aniceto, a quien tanto le agredecía yo, pasó algo por el estilo. Por ser tan bravucón, lo metieron en una brigada de choque y, según razones, cayó en una emboscada cerca de Guadalajara. Al menos ese nombre venía en la lista de caídos de esa batalla. Lo que se siente es tan duro que no se puede describir. La muerte de un amigo le abre una zanja a cualquiera. Y Aniceto fue mi amigo. Yo no avisé a su casa, no tuve valor. Tampoco supimos nunca a ciencia cierta si ese Aniceto Barrios era el mismo de el tinte. En una guerra todo se queda en brumas. A veces se confunden los nombres, y los caídos que aparecen en listas luego sacan la cabeza por algún lugar. Aunque de Aniceto, el pobre, no se supo más. La guerra mata el ánimo de la gente, lo vuelve a uno de plomo. Sin embargo, la suerte de Aniceto me afectó mil veces más en mi sentimiento que lo de Josefa. El era un hombre que no tenía igual, de cepa humana, un amigo sin condiciones. Puedo decir que la guerra la pasé con conocidos en una soledad individual. Iba de un lado a otro conociendo gentes, pero sin ganas de amistar con nadie. Total, amistaba uno y al poco le mataban al amigo. Entonces lo mejor en las guerras es andar a paso de solitario para no andar lamentándose día y noche.

Mi bautizo fue de fuego en el mismo Madrid. El estrépito de las bombas de los aviones italianos era espantoso. Cuando pasaba la detonación se quedaba uno con la cabeza llena de chillidos. En Madrid me acostumbré al ruido de las ametralladoras. Tenía que ponerme bolillos de cera en los oídos, claro. La aviación nos cayó encima, pero nos batimos bien. Las consignas de «¡no pasarán!» y «¡viva la República!» las gritaban mujeres y niños. Los «peques», repartidores y mandaderos llegaban dando vivas a los campamentos; eran mozos que no conocían de guerra y se creían que aquello era un juego. Se hacían fusiles de madera, con cañón de tubos de lavabo, y así andaban por Madrid. Bueno, los fusiles de la milicia no eran mucho mejores que aquéllos. Algunos eran Spitalny rusos y otros, los más, sobrantes de la guerra del catorce. Pues casi era mejor andar con una buena pistola, como la mía, o un revólver Smith-Wesson. La milicia tenía desventaja en armamentos. La lucha no era pareja. Nos cayeron los moros, los alemanes y los italianos. ¡El acabóse!

Franco era voraz; por eso mandó a los moros, que se le parecían en mucho. Ellos iban equivocados y eran duros de pelar. El les había prometido que cuando ganara le iba a dar la libertad a Marruecos. Pero no dio ni pitoche. Además de sanguinario, era un mentiroso y un truhán. Su táctica era aislar a Madrid ocupando la carretera Madrid-Valencia y cercándolo. Buen estratega sí fue, de puro cierto, pero con una entraña podrida. Si ganó fue por la ayuda extranjera de las potencias fascistas y porque España era una jerigonza total. Allí, en pocos meses, se hablaban a la vez varios idiomas y se dividían los partidos. Todos los hombres de ideas populares ayudaron a la República, de todos los países. Por eso en Jarama se cantaron la Internacional y la Marsellesa en varias lenguas. Aquello era muy sentido, pero un potaje que ya nadie entendía. El comandante Iglesias se pasaba la vida diciendo:

—Esto me parece una torre de Babel.

A lo que yo le pregunté que qué significaba eso, y él me explicó bien. Entonces yo le decía:

—Comandante, esto es más complicado que la torre de Babel esa que usted dice.

Y es que todos ayudaron mucho. Cubanos cayeron por tongas en Villanueva de la Cañada. Eran famosos por lo guapos. Muy organizados y conocedores de la guerrilla. Cuando llegaron a España los vi cómo organizaban a las mujeres, cómo hablaban del socialismo y pasaban disciplinados al ejército regular de la República. Se decía que ellos habían sido los de la idea de emplear botellas de gasolina para incendiar los tanques del enemigo desde las ventanas de las casas. A veces dio resultado esa técnica, sobre todo cuando las mujeres se pusieron a fabricar botellas y lanzarlas. En Carabanchel se volvieron locas lanzando botellas incendiadas a los moros. Y algo lograron, según llegó a mis oídos, porque ya en ese momento no me encontraba yo en Madrid.

Lo primero que me enseñaron fue a manejar un cañón enano. Esos cañones eran muy primitivos, pero obligaron a los falangistas que estaban en el fuerte de al lado del Palacio de Oriente a rendirse. Lo vi con mis propios ojos. Acababa yo de ingresar a la milicia y estaba airado. Se me metió entre ceja y ceja aprender a manejar el cañoncito. Aprendí bien, pero ellos eran muy malos, y daban unos golpetones para atrás que podían tirarlo a uno cuatro o cinco metros. Como mi cojera se hacía muy visible, el jefe me llamó y me dijo estas palabras:

—Hay voluntad, Ruiz, pero esa cojera...

Y es que yo no podía correr bien y el estampido del cañón me tiraba al suelo en seguida. De modo que cogí el timón.

Manuel López Iglesias, militar retirado, había sido nombrado oficial. Me puse a disposición de él, en suerte mía, porque había sido el principal organizador de las Milicias Gallegas. Era joven todavía, pero muy republicano. Nos formamos en el cuartel de Lista. Allí él era el mandamás, un hombre muy recto y muy organizado. Levantaba el brazo y toda la formación le obedecía a ciegas. Casi no hablaba. Era un militar formado a la antigua, con mucha empaquetadura, sí señor.

La primera vez que salí al frente iba conduciendo una camioneta muy mala, toda desvencijada por abajo, con más ruido que velocidad. Era con la brigada de las milicias, desde luego. Al primer choque que tuvimos en Navalcarnero hirieron al comandante Iglesias. Se formó una desbandada tremenda. No se pudo contener. Los armamentos eran muy pobres y los moros atacaban como fieras. Hubo que reorganizar la brigada. Iglesias, herido, organzó de lo más bien, pero me mandó a que fuera a trabajar con Santiago Alvarez, comisario político de la brigada. Manejé entonces un *Fiat* pequeño. Nos cortaron la carretera y no pudimos retroceder. Santiago Alvarez me mandó a retirar el coche. Lo retiré a campo abierto, con aquel peligro de las tropas en desbandada huyendo del enemigo. Los milicianos se me encimaron al coche y le arrancaron una puerta. Nadie sabía para dónde coger. No había orientación. El enemigo había ganado fuerzas en las afueras de Madrid y nosotros estábamos pelados. El coche se quedó abandonado allí. Fue el comienzo de la tortura mía. Desparramados por los campos, pasábamos un hambre negra. Teníamos dinero, porque nos pagaban a razón de trescientas o cuatrocientas pesetas al mes, pero no había qué comprar. Cuando comíamos eran lentejas lo que daban, o si no sardina y carne rusa cuando nos poníamos de suerte. Ahora, en años, no vi la carne de res ni en sueños.

El mismo pueblo de Madrid estaba totalmente escaso de alimentos. La gente se iba al Manzanares en cuadrillas a buscar alcachofas, si no se morían de hambre. A veces salían locos de allí, porque los aviones enemigos y la artillería disparaban por las orillas del río para matar al que estuviera rondando por esos alrededores.

Con el paso de los días se reorganizaron las tropas. Madrid revivía por etapas. Se formaban los batallones de zapadores, muy valientes, por cierto. La consigna era: «el fusil es tu mejor amigo»; aunque para mí lo fueran el pico y la pala. Cada vez que venía un bombardeo, yo abría un hueco en la tierra y me escondía. Así salvé el pellejo varias veces. Cuando llegué a Francia, después de terminada la guerra, tenía todas las manos ampolladas. La guerra no le deja nada sano a uno. Ni la cabeza siquiera. Estuve todo el tiempo atontado. Entre el vino y las bombas andaba medio loco. A veces en los campamentos cercanos a Madrid, durante los preparativos, nos ponían películas rusas para animarnos Tuvimos guerra hasta en el cine. En *Los marinos de Kronstadt* pasaban cosas que luego vimos con nuestros propios ojos. Era increíble, del cine para el campo de batalla, y todo lo mismo. Si yo digo que salí de La Habana con el pie izquierdo.

Cuando más o menos se arregló el primer sal para afuera que hubo, los jefes organizaron las divisiones. Ya toda España estaba en bronca. Lo más tranquilo que había eran las provincias gallegas. Lo demás en llamas, sobre todo Asturias y Cataluña. Pasé a la oncena división y nos tocó defender el frente de Villaverde, cerca de los talleres de Oscalduna, donde hacían los ferrocarriles y las piezas de carga pesada. Ahí estuvimos un mes. Ya había llegado el invierno. Nos cogió una helada que calaba los huesos. Yo me refugiaba en una caseta del Estado Mayor, a donde nada más que podían ir los chóferes y los enlaces. La batalla fue difícil y larga, pero logramos vencer. A veces los campesinos nos traían agua y vino en mulas, pero nada de comer. Entonces un día, cuando ya todos estábamos con el estómago al revés, a uno se le ocurre matar a un gato. A buen hambre no hay pan duro. Lo mató, en efecto, y lo puso a secar al sereno. El gato es carne sabrosa, pero si no se pone al sereno coge un tufo muy malo. Lo tendimos sobre el techo de la caseta con el pellejo al aire. Y por la mañana estaba el gato tieso, como si hubiera pasado toda la noche en un congelador. La idea era comernos el gato al mediodía, pero no así, solo, sino con un guisado. Salí yo a buscar las patatas para que no dijeran que me pasaba el día recostado al coche o pensando en las musarañas. ¡Maldita la hora en que se me ocurrió brindarme voluntario! Cogí para el huerto, a unos sesenta metros de la caseta, y en el camino me topé con una neblina ciega que me tapaba de pies a cabeza. Me pongo a cavar las patatas con un azadón grandísimo, y cuando voy a ver la neblina se había desaparecido en todo el contorno aquel. Ahí fue donde me localizó una ametralladora situada en lo alto de una torrecilla, a unos trescientos metros de mí, en la línea de fuego del enemigo. La línea del enemigo y la caseta nuestra estaban casi frente a frente. Y yo lo que hice con esa burrada fue acercarme a ellos. De pronto veo que la tierra salpica a mi lado y me entra en los ojos. Sentí ráfagas, pero lejanas. Lo que tuve ante mí fue la tierra salpicándome y abriéndose en huequecitos. Miré hacia atrás, vi la torrecilla y me tiré boca abajo sobre las patatas. Debo haberme acordado de San Roque en ese momento, porque a gatas me acerqué a un arroyo y me hundí en él. Nadando por debajo, casi sin aire y congelado, llegué a la caseta del Estado Mayor, con una tos que no se me quitó más nunca. Luego me preguntaban para pinchar:

—Bueno, Manuel, ¿y las patatas?

—Patatas va a buscar tu madre.

¡Me salvé de milagro! Y para colmo el gato no se pudo comer, porque se había puesto duro como un palo.

La lluvia fina es peor que el aguacero. Si le caía a uno en el pelo, se lo helaba. A mí me hizo mucho daño. Continuás lluvia, más tos. No sé cómo no se me helaron los pulmones. Cuando la defensa del frente de Jarama en febrero, el frío era irresistible. Me salían sabañones y se me endurecían las orejas. A riesgo de las burlas, me ponía una toalla en la cabeza. Muchos decían que yo me había cubanizado. Era verdad, porque si algo extrañaba era el sol.

—Oye, ¿es que acaso tú eres cubano?
—¿Por qué eres tan friolero?
—Pues casi lo soy. Y friolero he sido siempre, ¿qué?

La defensa de la guerra es la camaradería. Hay que llevarse bien con el prójimo, si no estás frito, como en las cárceles, lo mismo. Hay que aguntar que te digan tarrudo y te pongan motes. La guerra es esperar. El que pierde la paciencia se tiene que dar un tiro. Muchos la perdieron en la batalla de Jarama. Otros se entregaron al enemigo en busca de posiciones y por cobardía. La guerra es una escuela donde uno aprende a apegarse a la vida. Yo creía que había pasado mucho en mi juventud, pero cuando vi la guerra me di cuenta de que era un niño de teta. Jarama fue lo más crudo. Ahí sobresalió la valentía del español. El enemigo, para cercar Madrid, debía cruzar el río por la carretera de Valencia. Por eso la batalla se hizo tan peliaguda allí. Inmediatamente recibimos refuerzos rusos: tanquetas y artillería; íbamos más preparados. Contuvimos al enemigo a base de resistencia y perdimos mucha gente. Creo que fue la batalla donde más bajas tuvo la división. El primer bombardeo lo hicieron los «pavas», como le llamábamos nosotros a los bombarderos italianos cuatrimotores. Les hicimos algún daño; no el deseado, desde luego. El problema es que las antiaéreas rusas dispersaban la metralla en cuatro y no causaban el daño que hacían las alemanas, que iban directo al blanco, sin falla. Al avión nuestro que cogían lo herían por el mismo motor. Los «chatos», que era como le llamábamos a nuestros aviones escoltas, caían como soldaditos de plomo con el tiro de las antiaéreas alemanas. Lo más feo que hay es ver el fuego ese en el cielo. Entre las luces y el ruido, se vuelve loco cualquiera. No sé, quizá el que esté tirando en el frente lo siente menos, porque tiene la emoción, la acción, está más ocupado, más vivo. Pero yo me pasaba el tiempo con López Iglesias. Y en Jarama vi todos los enfrentamientos con él al lado, dando órdenes, vociferando; yo al timón siempre, vadeando arroyos, esquivando cunetas. Labores propias de un chófer. Ya López Iglesias había ascendido por sus méritos y me había nombrado a mí personal de confianza. Yo oía todo lo que él hablaba cuando estaba cabrón, cuando se sentía en derrota, que se apretaba las rodillas con las manos y decía:

—¡Puñeta, carajo!

Jarama fue algo serio verdad. Tenía uno la vida en un hilo. Por ejemplo, los partes los llevaba yo solo. A veces iba un enlace conmigo, las menos. Ir a llevar partes en el coche era peligroso al máximo. El coche de Iglesias era un *Chrysler* regimiento. Así le decíamos, por lo grande. Había sido de una artista famosa de España, María Fernández Ladrón de Guevara. Con él hice toda la guerra. Ella lo dejó en Madrid y se lo asignaron a López Iglesias. Hasta que entré en Francia lo tuve en mi poder. Era fuerte, pero gastaba demasiada gasolina. Cruzaba los puentes con mucha velocidad, pero como era tan grande, los bamboleaba. Entonces la tropa, al ver aquel carro mecerse como una persona en los puentes colgantes, no querían ir conmigo de enlace. Así que la mayor parte de las veces iba solo a la misión. Si me caía al río, me mataba. Pero la guerra es así, y si dices no te llaman pendejo. Con esos cruces me gané la confianza de Iglesias. Un día me llamó aparte y me dijo:

—Creo que ésta la perdemos, Manuel, pero no dejaremos al enemigo entrar en Madrid.

Así fue, la perdimos, pero esa vez el enemigo se quedó rezagado. Cuando se acabó esa batalla nos pusieron a descansar. Y un día, en el descanso, Iglesias me felicitó.

—Manuel, hasta Joaquín Rodríguez sabe lo que tú has hecho, te felicito.

Rodríguez era el jefe de la oncena división.

Que esa guerra no fue un paseo lo sé yo mejor que nadie. Después de El Jarama vino Brunete. ¡Qué fue aquello! Brunete quedó arrasado. Lo tomamos bien tomado. Plantamos el Estado Mayor debajo de un olivar muy cerca del pueblo. Camuflageamos los coches y las antiaéreas con las ramas del olivar. Las bombas de mano las metí yo en el maletero del coche. Todo pegadito al Estado Mayor, junto a los otros coches que teníamos, el de Enrique Lister y el de Santiago Alvarez, el comisario. En Brunete fue que cayó el cubano Alberto Sánchez, jefe de la primera brigada de la oncena división. El comandante Sánchez era muy joven, tendría unos veintitrés o veinticuatro años. Recuerdo que cayó en el treinta y siete, ya en el verano. Lo conocí bien porque me lo presentaron. Era alto, de ojos claros y muy simpático, como cubano al fin. Me dijo:

—¡Caray, con que un gallego cubano en la tropa!

Yo me reía a pesar de todo. En la guerra no puede uno perder el buen humor. Hablamos de La Habana y tal. El iba en su caballo, un caballo gris muy grande, en que lo mataron. Así fue:

Brunete era un punto codiciado, y el enemigo no se conformó con la pérdida de La Prenda, así que arremetió con aviones Savoia y Meserschmidt, italianos y alemanes. Lo echaron todo por la boca. Hasta que nuestras brigadas tuvieron que salir en desbandada. Y perdimos Brunete de nuevo. Alberto Sánchez no se resignó, y en su caballo le iba dando voces a las tropas para que regresaran al combate. Era un guapo de armas tomar. Los hombres que estaban a su lado siguieron su ejemplo y pujaban para atrás. Querían volver a Brunete. Sánchez daba vueltas en el caballo, estaba desesperado porque la tropa se había desmantelado casi. La gente daba gritos como locos. No podían volver a la metralla, era inútil. El Estado Mayor discutía los partes y no sabía a ciencia cierta qué hacer. Yo siempre al lado de mi coche, tratando de camuflagearlo bien. Entonces veo un avión de reconocimiento alemán que descubre la caseta de los enlaces, donde estaban todas las municiones. El avión empezó describiendo círculos, después bajó en picado y lanzó una bomba como a unos cien metros de altura. La bomba cayó en la caseta y abrió un hueco donde cabía un edificio. Todos murieron, enlaces y tropa. La dinamita empezó a reventar. Y yo me eché a correr y me lancé a una zanja cercana. Me metí en el fondo. Cuando salí parecía un trastornado. Vi aquel desastre ante mí y me quise morir también yo. Habían caído seis de mis compañeros. Lo único que quedaba era el Estado Mayor, en otra caseta, sacando cuentas de lo que había ocurrido. Llegué allí mojado de pies a cabeza y sordo. Desde aquel estallido nunca más bien oí. Todas las bombas de mano estallaron, toda la metralla, todo. Alberto Sánchez quedó allí, cerca del puesto de mando. Yo no llegué a ver su cadáver, pero sí vi el caballo patas arriba, con la barriga abierta y las tripas afuera.

Y por los alrededores de la caseta tuvimos que ir los que quedamos recogiendo botas y armas de los muertos. Las cabezas quedaron destrozadas. Y a algunos el cuerpo se les dividió por la cintura. Las bombas vuelven pedacitos a cualquiera. A muchos les colgaba el brazo de un pellejo. Otros, mal heridos, pedían a gritos vivir y querían agua. Todo se resume en agua. El herido siempre pide agua.

Por horas, quedó allí el olor a pólvora quemada. Más tarde empezó el de la carne chamuscada, que luego se iba pudriendo en el campo y destapaba una peste insoportable.

Brunete fue una experiencia espantosa. El único animal que he matado en mi vida lo maté allí, pegado a la zanja. Era un perro negro, más grande que yo. No era agresivo ni tampoco muy juguetón. Siempre andaba rondando el Estado Mayor. Le tirábamos alguna que otra sardina, pan, lo que hubiera. El perro estaba flaco, transparente. Nadie sabía de dónde había salido. Una tarde lo veo venir masticando unos trozos de pellejos. Me extrañó mucho y se lo dije al jefe. Hice la inspección y descubrí que se había comido los testículos de uno de los nuestros, que había caído al lado de la zanja y no lo habíamos podido enterrar. Sentí un asco terrible. Y fue tanta la soberbia, que saqué mi Astra y le pegué dos tiros en la cabeza.

Al poco de pasar Brunete reorganizaron la división y nos trasladamos a Valencia, de Valencia a Aragón y luego a pelear como fieras en Belchite. Allí estuvimos veinticinco días. Después vino la toma de Teruel. Volví a cruzar puentes de madera que se bamboleaban. El Ebro estaba custodiado por moros. Recuerdo a un moro que se encaramó a un árbol, en dirección norte del puente, y tiró como un loco. Mató a un número considerable de soldados nuestros. Tuvimos que esperar a que el moro cayera para cruzar. Lo vi caer como una rama de la copa del árbol. Cayó al río y hubo silencio. Ahí aprovechamos para cruzar. López Iglesias era de temple. Confieso que a mí a veces me temblaba el pie izquierdo, el del embrague, porque esos puentes guardaban sorpresas.

Para tomar el Teruel estuvimos treinta y pico de días con un frío de seis grados bajo cero. Cada dos horas tenía que ir yo al coche para encenderlo, porque si no el agua del radiador se congelaba y no podíamos avanzar. Los fascistas habían acumulado todas sus fuerzas para el ataque. Allí participó todo el mundo. Ellos iban bien apertrechados. Tenían mejores aeroplanos, cañones de grueso calibre, tanques, divisiones de moros, caballería, infantería italiana, de todo, sí señor. Había que abrirse paso con granadas de mano y a punta de bayoneta. Hubo muchas bajas en el Teruel. Los flancos nuestros fueron cediendo. El jefe me mandó situar una ametralladora en el Barranco de la Muerte. Fui y sentí las ráfagas del enemigo cerca de mi cabeza. Me agaché para rehuir, y cuando me alcé de nuevo me dio la impresión de ver una mancha roja. Era el miedo a que me hubiera cogido un tiro. Me toqué el pelo, me miré las manos y eché a andar. Todavía cuando llegué a la cuneta le pregunté al jefe si me había agarrado algún tiro. Me contestó que no, que él me veía sano, pero que me quitara la tierra de los ojos. Me volvió el alma al cuerpo. ¡Se pasaba cada susto!

Yo dormía siempre en el coche. Y una noche el enlace escolta, un tal Francisco Rodríguez, madrileño, me llama a empujones.

—Manuel, Manuel, corre al puesto de mando, que hay ahí un paisano tuyo.

El hombre se había pasado de las filas enemigas a las nuestras y pedía una oportunidad. A todos nos extrañó, porque ya en ese momento el espíritu de combate estaba en el suelo. La guerra se daba por perdida. Yo mismo estaba en la certeza de que aquello era un Waterloo. Así es que viene el hombre y dice que es de Pontevedra y que quiere pelear con nosotros. La jefatura pensó que era un espía. Por eso me llamaron a mí, para que lo identificara como gallego. Lo fui a entrevistar. Dígole:

—Ven acá, ¿y tú eres de Galicia?

Díceme:

—Sí, soy de Pontevedra.

Hablamos en gallego. Me dio pena con él. Se veía que había tenido algún problema. Para mí que por cobarde lo iban a ajusticiar y por eso huyó. Nunca supe. El caso es que cerró los ojos y me dije: «Haz bien y no mires a quién.» Me hice el que lo conocía de mi aldea.

—¿Y tú aquí?

Y él me contestó con agradecimiento:

—Aquí, ya ves.

A todo el mundo le dije que él era vecino mío. Se llamaba Manuel González.

—Comandante, yo lo garantizo. Es republicano.

Le dieron algunos francos, ropa y tal. El hombre no se desprendía de mi lado. Hacía lo que yo le decía, como un perro faldero.

—Tocayo, me ha salvado usted la vida.

—¡Quién sabe lo que nos espera todavía, Manuel! No cantemos victoria.

Victoria no conocimos más. Todo lo que vimos más tarde fue derrotas. Los flancos desmoralizados, la gente en desbandada y la aviación enemiga haciendo estragos. Los pelotones de caballería de los moros cortaban cabezas a diestra y siniestra. No andaban creyendo en humanidad. Hasta el burro que nos regalaron en la Sierra Pandoll lo mataron. Un burrito que se llamaba Nuestro Ejército y se paseaba por toda la división con un periódico mural colgado de la montura. El enemigo avanzaba porque tenía el apoyo de las dictaduras europeas. Hubo soldados que se pegaron tiros en la cabeza antes de entregarse al enemigo. La artillería dejó de actuar por falta de proyectiles. Estábamos agotados completamente. Las unidades tenían que pasar a la retaguardia a viva fuerza, abriéndose paso por caminos paralelos a las unidades enemigas. Fueron las peores jornadas de la guerra, las del esfuerzo final. Los jefes, casi mudos, miraban con impotencia. Eso es más duro que verlos morir delante de uno. La guerra es una escuela muy grande. Por eso yo saco la conclusión de que después de lo visto en ella no me ha quedado nada por ver. Quien ha vivido la guerra es quien más la odia. En España, la palabra guerra es maldita. Hoy mismo buscan el arreglo de cualquier forma, pero sin guerra. Y hacen muy bien.

Estuve dos días enteros sin dormir, sin pestañear, para cruzar la frontera. Nunca se había visto una desbandada de gente más descalabrada. Las tropas tenían que atravesar los Pirineos para pasar la frontera. Imposible el viaje por carretera, estaban completamente atestadas. Las filas eran de seis y ocho personas, niños, ancianos, lisiados, todo tipo de gente que huía de Franco, de los fusilamientos y de las cárceles. La guerra perdida completamente y el fascismo haciendo de las suyas. Vi mujeres descalzas, otras que cargaban sus hijos como fardos kilómetros y kilómetros, sin provisiones de ningún tipo. Ni agua siquiera. Fue una huida como no se ha visto nunca. Hasta carretas y carretones llevaba la gente. Se desmayaban las mulas, se enfermaban los niños, las mujeres vomitaban, pero había que echar pecho adelante. Los rezos ahí no valieron para nada. El mal era de arriba a abajo. Todos iban destruidos moralmente y sin saber qué les esperaba. La mujer española se destacó como una leona en esa peregrinación. Demostró su fuerza y su coraje. Les daban soplamocos a los nenes para que se cansaran de llorar y se rindieran y así poderlos llevar más tranquilamente. Hubo ancianos que quedaron muertos en el camino, a los lados de la carretera. Era un tramo muy largo para una edad avanzada. ¿Y quién tenía entonces un buen par de zapatos? Nadie. Allí todo el mundo iba en alpargatas, que es como ir con los pies al descubierto. Dudo que haya en la historia una marcha más larga que ésa, dúdolo.

La gente de hoy día no puede imaginar lo que fue eso. Casi no hay fotografías, no hay nada. Yo digo que dejarlo todo atrás, como lo dejó el español, es algo muy serio. Por eso mi pueblo es tan fuerte. Estamos acostumbrados al dolor, a no mirar atrás aunque el sufrimiento lo venza a uno. Salir huyendo con un lío de ropa al hombro, sin poder llevar una manta para el frío, sin nada, es una tortura. Eso al español le ha pesado mucho. Y ahí está siempre, como una pascua. ¡Válgame Dios! ¡Ojalá que esta generación no tenga que conocer lo que es una guerra!

Mi jefe cogió su rumbo por los Pirineos con los otros oficiales. A dónde fueron a parar no lo supe. Sí sé que nos despedimos con mucha cordialidad. El se veía agradecido de mis servicios. Yo, en verdad, no me podía quejar de su mando. Como existía esa confianza, me dijo:

—Te vas a llevar a mis padres y a mi mujer.

Eso fue lo que me salvó de la caminata. Si no hubiera tenido que coger el rumbo de todos. Ya bastante tenía yo con las manos llagadas para que además se me llagaran los pies.

El viaje en coche fue una tortura también. Tenía que estar parando para auxiliar a los caminantes o para echarle agua al radiador. La gasolina la compraba en los surtidores que había en el camino. Pero había que ahorrarla, y con esas paradas el coche tragaba galones como un condenado. Dos días con aquellos señores quejándose, porque nunca habían salido de sus casas, de sus comodidades. La señora de López Iglesias, de nombre Encarnación Fuentes, era muy callada. Miraba y no decía ni esta boca es mía. Pero la madre se pasó todo el transcurso del viaje llorando y amargando a los demás.

—No puedo ver más desgracias. ¡Ay, Virgen Santa, ampáranos!

Así estuvo todo el viaje. Luego me pedía que tocara el claxon, que avanzara, qué sé yo. Creo que si tengo que coger esa carretera prefiero montarme en un aeroplano. ¡Por mi difunta madre!

Cuando llegamos a Perpignan, la guardia francesa, muy zoqueta por cierto, nos separó como si fuésemos patatas podridas. A los padres de Iglesias y a la mujer los mandaron a un lugar de Francia. A mí me pidieron los documentos que traía y el dinero. Tuve que entregarlos de golpe. Cuando fui a mirar atrás, el Chrysler ya estaba echando humo por el tubo de escape. No vi más a los señores esos. Y el carro lo cogió la guardia de Francia, como era de suponer. Me trataron a patadas. Cuando digo a patadas me refiero a patadas por el culo, nada de cuentos o exageraciones. Para ellos, allí éramos una gente malvada que habíamos llevado a España a la destrucción, cuando todo el mundo sabe que no fue así. Con la palabra rojos bastaba para ofendernos. Rojo antes era como decir el diablo con tridente y todo.

Me lanzaron de cabeza para el campo de concentración de Argelés-sur-Mer. El Gobierno de Leon Blum había habilitado varios campos para los desterrados. Uno de ellos, el más grande, creo yo, fue ése. Habíamos allí como ochenta mil personas de toda la península. Era un arenal grandísimo con su playa a todo lo largo. Recordaba algo a Cuba, por la vegetación y por el mar, claro está. Los que cuidaban aquello eran senegaleses, altos como torres y groseros con el refugiado. Gritaban:

—¡*Reculez, reculez!* —si veían que alguien

se apartaba de una fila o se acercaba a las alambradas de púas, que eran triples.

Porque aquello era un campo de concentración, no una feria. Todo era heridos, harapientos, hambreados. Calamidades de izquierda a derecha. Las primeras noches tuve que dormir en una fosa cavada por mí con un palo en la arena. Ahí mismo meaba, cagaba, todo...

Los guardias lo humillaban a uno en francés. Luego me enteré que nos decían asesinos. Y que éramos verdugos del clero, porque habíamos matado a los curas reaccionarios, cuando se olvidaban ellos de que los curas eran lenguaraces y delataban a los secretarios sindicales para que los pasaran por las armas. No quiero acordarme de Argelés.

Nunca vi gente más desarrapada, más sarnosa, más llena de pulgas y de piojos. No sé qué fue peor, si la guerra o el tiempo que pasé en el campo de concentración.

A los pocos días de haber llegado empezaron a hacer preguntas. Que quién era plomero, quién albañil, quién carpintero... Yo inmediatamente me brindé.

—Soy todo eso —dije.

Entonces me dieron unas tablas y unos clavos gordos y me pusieron a levantar casetas para dormir. Con el hambre que pasaba me las veía negras levantando esas casetas durante el día con sólo un poco de lentejas cocinadas con sebo de carnero. El estómago mío es de piedra, verdad. A veces quería mandarlo todo a tomar vientos y escapar, pero me arrepentía. El que se escapaba las veía negras también. Si lo cogían le daban con la culata del fusil y le quitaban la ración por dos días. Había que pensarlo mucho. El agua casi no existía. Para conseguir un poco teníamos que ir a unas bombas de mano clavadas en la arena. Y a veces lo que salía de allí era un hilito. La gente se arañaba, se golpeaba con tal de beber un poco. Alrededor de las alambradas se amontonaban los franceses a vender pan y leche condensada para el que tuviera francos. Era un negocio muy grande allí. Vendían también zapatos y ropa. Yo no podía comprar nada, porque nada tenía. Estaba en cueros de verdad. Por eso pasé más hambre en Argelés que en la misma guerra.

Nunca he robado, no he podido, por conciencia. Pero un día vi unos zapatos negros a la orilla de la alambrada y los tomé. Cuando llegué a la caseta me los quisieron comprar. Los tasé en veinticinco francos. Era mi cálculo para poder conseguir alguna leche y pan. Pero allí nadie me dio eso. Así que fui a ver a un custodio senegalés y le dije:

—*Monsieur,* veinticinco francos.

El senegalés se metió la mano en el bolsillo de la chaqueta y sacó veinticinco francos uno detrás del otro. Anduve días mejor alimentado. Hasta dos latas de sardinas me conseguí. Lo más bonito es que los zapatos eran del mismo pie, y el custodio ni cuenta se dio.

Llevaba yo una barba de mil demonios, apestoso y hambiento, como nunca en mi vida. Veía los árboles lejos y el mar, y me venía La Habana a la mente. Ya no resistía ni un día más allá. Se me ocurrió por casualidad escribirle a José Gundín a través de la Cruz Roja. Me dije: «Si no llega la carta, bien, y si llega, mejor.» Yo estaba en el piso ya. Quería morirme.

Argelés era un infierno sin letrinas. La peste lo inundaba todo. Ya no éramos personas; éramos esqueletos. El costillar mío estaba a flor de piel. La barba me cubría todo el rostro. No sé cómo sobreviví esa etapa. Con la soga al cuello fue que vino la providencia a salvarme. Ocurrió un milagro, no lo puedo entender de otra forma.

Estoy despertándome con el ruido de la campana cuando oigo mi nombre por el altavoz como cuatro o cinco veces. Todavía estaba oscuro. Serían las cinco de la mañana.

—¡Manuel Ruiz, Manuel Ruiz!

Cuando llamaban a alguien por la bocina había que dirigirse a la jefatura en seguida. Fui temblando de pies a cabeza. «De ésta no me salvo», me dije. Yo creía que me iban a meter en el calabozo por lo de los zapatos. Pero, ¡ca! ¡Suerte loca la mía! Cuando llegué a la puerta me encontré con un francés de la Compañía Trasatlántica Francesa que me preguntó si yo era la persona que buscaba. Le enseñé mis documentos y me dio la mano. Luego pasó a explicarme que me traía un pasaje pago hasta Saint Nazaire, el puerto de embarque, tres mil francos en efectivo y otro pasaje en barco para La Habana. No lo podía creer. El francés entró conmigo al campo y se lo comunicó a los curiosos, amigos y compañeros de guerra. Me daban la mano, me abrazaban, fue una algarabía muy grande. Todos me querían entregar cartas y me suplicaban que los sacara de allí para La Habana, para México, para donde fuera. Les dije que sí. Otra cosa no me salía, aunque yo me figuraba que me iba a ser difícil sacar a tanta gente. El francés me acompañó hasta Perpignan. Me hospedó en una taberna, me afeité, me bañé, me compré unos zapatos y respiré una libertad tan bonita que no se puede describir. El francés me había regalado un abrigo viejo y una boina. Recuerdo bien que fui a un restaurante cerca de la estación de trenes. Me senté a una mesa para esperar el tren de las tres de la tarde para París. Estuve comiendo como dos horas sin parar. Pedí caldos y embutidos. Cuando llegó el tren, tenía la barriga al reventar y la cabeza girando del mareo que cogí con el vino tinto. Al otro día llegué a París. De París no puedo decir nada. No conocía a nadie y me daba igual ir para la derecha que para la izquierda. Sí vi que era mucho *más* grande que La Habana y más poblada. Pero no conocí nada. Lo que yo quería era salir rápido de ahí para llegar a Cuba. París no me gustó. Todo había que pagarlo más que bien. Un día entro a los servicios subterráneos, me aseo un poco y cuando voy saliendo oigo al conserje que me llama:

—*Monsieur, monsieur.*

Le dije que ya yo me había servido, pero volvió a llamarme. Me di cuenta que lo que quería era un franco y se lo di. Un robo a mano armada. Eso fue París para mí.

De ahí cogí el tren para el puerto de embarque. Me embarqué en el *Flandes,* el último paquebote que llegó a Cuba antes de la Segunda Guerra Mundial. Hice el viaje en tercera con una pena muy grande.

Mi familia me hacía muerto. Y yo no les había mandado ni un telegrama. Me decían que a España no llegaban noticias. Y como no podía botar el dinero, esperé llegar a La Habana. Aquí les mandé una carta larga con razones de todo tipo. Y mi abuelo me respondió con una contentura que se notaba en la letra.

LA VUELTA

> «Hora con grande sosiego
> Durmo na veira
> d'as fontes...»
>
> Rosalía de Castro

V

Al ver las luces del puerto, porque llegué de noche, me entró una emoción muy fuerte en el corazón. Era como un sueño. Los judíos polacos que venían en el barco, huyendo de la persecución fascista, no entendían por qué yo estaba tan feliz. Y es que yo los miraba y me reía solo. Con señas les trataba de decir que La Habana era alegre, pero no entendían. Al atracar, nos separaron a los polacos y a mí. Volví a caer en Tiscornia después de más de veinte años. Fue la misma jodienda: papeleo, chequeo, vuelta de cabeza, vuelta de espaldas...

—Saque la lengua. Abrase atrás, el culo, le digo.

Mil porquerías. Los polacos traían un virus de tosferina y se quedaron en el campo. Yo salía al día siguiente. Gundín y Veloz me fueron a buscar en el coche de la señora de Conill. Nos abrazamos con lágrimas en los ojos, lo confieso.

—Te advertí que regresabas, Manuel —me dijo Gundín.

—Pareces un muerto vivo, ¡carajo! —gritó Veloz.

Eran mis amigos, me habían mandado el pasaje y el dinero. Tener un amigo es como tener un central. Esa es una verdad muy grande, no hay discusión.

Les conté de la guerra y de Argelés. Gundín lo único que hacía era reírse. Se burlaba de mí.

—¡Le ronca el cachelo, Manuel, le ronca el cachelo!

Bajamos por la loma de Tiscornia con un calor que asaba. Entramos al muelle de San Francisco como a las diez de la mañana. Todo estaba igual. La Habana seguía siendo la misma, aunque con más automóviles. Esta vez sí que venía con una mano alante y la otra atrás. Juro que lo único que traía era un bulto de ropa; de maleta y baúles, ni soñar. Pero tuve más acogida. Gundín me llevó para los altos del garaje de la señora de Conill. Empecé fregando los automóviles de la casa y del vecindario. ¡Ave María, al cubano le habían dado por el automóvil! Fue una fiebre que se abolió con la llegada de la Segunda Guerra Mundial. Las casas de ricos tenían tres y cuatro autos. Me sacaron la licencia en un tilín. Pero no me sirvió de nada. Trabajo de chófer no encontré. Sin embargo, navegué con suerte. Con el fregado de los autos y algo de jardinería, volví a comprar herramientas. La carpintería es más individual y más aseada. Además, yo contaba con amigos y contactos bastante buenos. Así que le metí el pecho y a empezar de nuevo. No me iba a acoquinar. Menos ahora con el carapacho tan curtido como lo tenía.

Principié encolando todos los muebles de la señora de Conill. Luego hice lo mismo con la familia Fernández de Castro y los Loynaz, que tenían un juego de comedor de dieciséis comensales. Me introduje en las fabricaciones de Miramar. La Quinta Avenida estaba cogiendo un gran vuelo. Los hijos de los ricos hacían sus casas allí. Ya no querían el Vedado. Ni sé cuántas ventanas puse en esas casas. Construí bares, jugueteros, repisas, enrejillé... el diablo y la vela. Ahí sí cogí algo de plata. En seguida le mandé a los niños lo que pude. Me retraté en el reloj de la calle Catorce, en Miramar, para que ellos me vieran vivito y coleando. Como me había repuesto de la guerra, no tenía ya aquel aspecto de muerto vivo que me veían todos.

Me mudé para una cuartería en Quinta y Dos, justo en el patio de la casa de los Vázquez Bello. Muy tranquilo aquello y muy higiénico. Yo le hacía toda la carpintería de gratis a la familia y hasta algo del jardín, y no me cobraban un centavo por el cuarto. A esa parte de la casa le llamaban el barracón, porque es donde vivía la servidumbre. El único blanco era yo.

—¡Caballero! ¿Ustedes han visto a una judía en un plato e' frijole negro? Ahí la tienen.

Nadie me llamaba por mi apellido. Yo era y sigo siéndolo, Manuel, el carpintero.

La casa a veces se quedaba vacía. Los dueños viajaban a Europa. Dejaban a la servidumbre sola. Yo me tenía que buscar mujer y aproveché un viaje de esos para tratar a América. La pobre, mientras los dueños estaban en Cuba, no tenía reposo, no pestañaba. Por la mañana lavaba la ropa de toda la familia y limpiaba el portal y las terrazas. Por la tarde sacaba a una de las nietas del dueño al parque de Paseo, y por la noche caía muerta.

América dormía junto con la madre, que llevaba más de cuarenta años de cocinera en la casa, en uno de los cuartos del barracón, el último. Desde que llegué ahí, le caí como la mosca al dulce. Ella tenía veinte años menos que yo y ya era viuda de un tuberculoso que le había dejado una niña de tres años, María Regla. La niña siempre me llamó la atención porque tenía unos ojos grandes, que en aquella piel canela sobresalían como unos azabaches.

Una noche la niña se intoxicó por mi culpa. Parece que como se había pasado la tarde al lado mío viéndome carpintear, el olor a alcohol y resina, más la viruta, le produjeron una hinchazón y tuvimos que correr al médico. No fue nada. Cuando regresábamos por Línea, me llené de coraje y le dije a la madre:

—Oye, hija, tú trabajas demasiado. La avaricia rompe el saco. Te vas a perjudicar.

—Qué saco ni qué niño muerto, Manuel. Si usted sabe que nosotros no tenemos ni para el entierro.

—Mira —le dije—, si me sigues tratando de usted...

—Es que yo, vaya, le estoy muy agradecida.

—Pues demuéstramelo, chica.

Me lo demostró con creces. Ahí fue que cambió mi vida totalmente. Nos juntamos y ella fue pasando a mi cuarto poco a poco. Lo arregló de lo más bonito. Vivíamos prácticamente en familia; la madre y la hija a unos pasos, y el resto de la servidumbre en el suyo.

El matrimonio con América lo hice después de la Revolución, cuando ya nuestra hija, la propia de ambos, Caridad Sixta, tenía como trece años. Ese nombre se lo puso la abuela. Yo quería que se llamara Sixta, como mi difunta madre, y mi mujer insistió en Caridad, un nombre que en Cuba es más corriente que la verdolaga. Pero así son los caprichos, y con ellos tenemos que seguir tirando. Desde que conocí a mi actual esposa nunca más tuve a bien andar con otras. Me tranquilicé, porque ella ha sabido ser una verdadera mujer. Y como hembra todavía merece, con todo y sus sesenta años cumplidos.

Si no hubiera sido por los tropezones económicos que nos dimos, podríamos decir que nuestra vida ha sido feliz. Pero aquellos años cuarenta y cincuenta y todo aquel rebumbio no dejaron a nadie vivir tranquilo. Como yo siempre digo que piedra movediza no cría moho, me mudé con América y las niñas para un apartamento de dos habitaciones en el mismo Vedado. Yo trabajaba para la carpintería y ella lavaba para la calle. Fui cogiendo experiencia en mi oficio. Ya no tenía edad para cambiar a otro en caso de que la situación pintara feo. Por años trabajé tanto que llegaba a mi casa a las diez de la noche, me comía una plato de frijoles y me tiraba a la cama. El carpintero no vive en paz, es como el médico, lo llaman a toda hora. Yo siempre digo que el oficio bien servido exige sacrificios. A veces no gana uno nada. No va a cobrarle una encolada a una señora que lo que coge es una pensión. Ese es el caso de Ofelia, la hija de la gallega. Como le estoy agradecido a la madre, que fue una santa con todo el barrio, cada vez que Ofelia me llama voy. Total, para una bobería. Que si los chihuahuas le comieron las patas a una silla, que si le mearon el borde de la cama y no puede uno cobrar por pulir con lija una pieza o por echarle un poco de cola a una pata de pinotea. Por eso digo que es casi una profesión humanitaria. Sobre todo para el que es considerado con el prójimo y tiene buen corazón.

Mis dos hijas, porque a las dos las crié, han tenido lo máximo para ser ésta una casa de pobre. Hasta hace muy poco, su madre lavó tongas de ropa para la calle. Y yo todavía me busco mi plata ambulando en la carpintería. Han estudiado en el plantel Concepción Arenal, han tenido médicos y ropas que no tuve yo. En mi casa nunca se dejó de pagar el recibo rosado de la clínica a la que pertenecíamos, la de la Sociedad Hijas de Galicia, y el balneario, a donde ellas gustaban de ir a menudo. Lo mío era ir con mi mujer a tomar cerveza a los Aires Libres del Prado, no a bailar; me parece una ridiculez hacerlo a la intemperie, pero sí a oir las orquestas de mujeres y a caminar por el Prado. Una vez me puse una corbata vino, de las que se estilaban, y como soy tan bajito, me grita un fascineroso:

—Oiga, cuidado no se caiga, que está pisando la corbata.

Me dio risa y no le contesté. Ese es el habanero. Fue exactamente en Prado y Teniente Rey. La verdad es que mi mujer es mucho más alta que yo, pero a los efectos del matrimonio qué importa eso. Ahora, cuando sale uno a la calle, tiene que exponerse, es lo malo. Para salir había que hacerlo de vez en cuando, aunque ya no como antes. Los hijos amarran a los padres a la casa. Así y todo, el dominó y el bolo no me los quitó nadie. Cojo como estaba, me iba todos los jueves a Veintitrés y Doce a jugar con Gundín, Veloz y los demás. Luego salíamos a darnos tragos al Popeye o a la Casa Azul, donde todavía Gordomán tocaba la gaita sin aire en los pulmones, porque estaba más viejo que un molino de piedra.

Mi vida tomó un rumbo fijo. Me estabilicé en mi oficio y me dediqué por entero a mi familia. Yo creía que no era familiar hasta que conocí a América y tuvimos a nuestra hija. Las aguas siempre cogen su nivel.

La política se hacía fuera de mi casa. Nunca oí más bulla que cuando eligieron a Grau San Martín. Fue el diez de octubre de mil novecientos cuarenta y cuatro. No se me olvida, porque ese mismo día me llamó Gundín para decirme que tenía una carta en casa de la señora de Conill. Me extrañó mucho. Hacía como dos años que no sabía nada de mi casa. Corrí para allá. La carta tenía un ribete negro. Me asusté más. Mi hermana Clemencia me anunciaba la muerte de mi abuelo. Nada me ha dolido tanto en la vida. Bajé Paseo entre la algarabía de la gente que subía para Diecisiete y Jota a festejar el triunfo de Grau en su propia casa. Al día siguiente mandé un telegrama y doscientos pesos a la aldea. Cumplí con ellos como pude. La muerte de mi abuelo me afectó mucho. El había sido mi padre y me quería más que a un hijo. Quise irme a Galicia, pero cogí miedo. Cuando uno tiene hijos la piensa dos veces. Me quedé con eso por dentro. Como mis hijas no lo habían visto ni en fotos, a ellas no les dije nada.

—América, murió el abuelo. ¿Qué te parece?
—Figúrate, qué vas a hacer.

Así es la vida. La familia de acá no conocía a la de allá. Era inútil hablar de ellos. Por eso me tragué lo del abuelo yo solo.

Entrando Grau y llegando un ciclón casi tan fuerte como el del veintiséis. Las ráfagas silbaban por las ventanas y los tablones y las tejas volaban por todo el Vedado. Fue un señor ciclón. Pegué tablas en todo el vecindario. La Cruz Roja me vino a buscar para que les diera una mano; mi mujer ha sido siempre una feliciana, a nada le temía. Se pasó el ciclón hablando de Grau. Todo era el viejo ese, con su sonrisita hipócrita. A mí me parecía un comediante de género chico, pero la gente aquí lo veneraba. Para muchos, Grau fue la esperanza. Iba uno a trabajar y el tema era el mismo: Grau, Grau y Grau.

—Yo no he votado por ningún presidente ni votaré.
—Porque eres extranjero y te da igual.
—Porque ninguno sirve, comemierda.

Mi mujer votó por Grau. Las mujeres lo tenían en un altar. Cuando la Jornada Gloriosa, ellas encabezaban los mítines y las manifestaciones. Llevaban a Grau en el pecho, como una condecoración. «¡Buen camaján!», dije yo siempre por dentro, «¡buen camaján!». Ya verán que éste va a dar palmacristi por partida doble. No dio palmacristi, pero hundió al país en el gangsterismo. Era muy cultivado y muy inteligente; por eso ponía a la gente en bronca para eliminar personal del gabinete. Un bicho de marca mayor. Y esa sonrisita y esas manitas; todo en él era una hipocresía. Lo sé yo, que le arreglaba los muebles a una de sus secretarias. Ella era muy religiosa y amiga de él, pero sabía de la pata que cojeaba. No decía nada porque era su profesión servirle. Aquí todo el mundo vio la decadencia del Partido Auténtico. Cuando los crímenes de Orfila, salió todo eso a flote.

Es verdad que subió el precio del azúcar. Al menos el periódico cacareaba eso todos los días. Decían que Grau había convencido al presidente americano de que aumentara el precio. Batista, el más degenerado de todos, les regalaba el azúcar a los americanos, porque pagar a centavo y medio la libra era una desvergüenza. Grau ganó las elecciones limpias. Hubo su quema de urnas por allá por San José de las Lajas; quemó las urnas el esbirro ese de Pilar García, pero se cogió el dedo con la puerta. Grau, de todos modos, llegó a presidente. Verdad es que le cogió la guerra mundial, y eso le clavó una puñalada al Gobierno, pero también les permitió enriquecerse con el dinero de los fondos públicos y con el cuento de la escasez. No había jabón, ni carne, ni pan.

Un gangster de la peor laya, el Colorado, abrió una fábrica de jabones clandestina. ¿Ir allí la policíía? No, hombre, ahí nada más que iban los comerciantes a comprar para revender. Yo tuve que ir, porque a mi familia no le podía faltar el jabón, pero iba a regañadientes. Era un atraco aquello. Luego la libra de manteca costaba un peso. Y encontrarla era más difícil que buscar quilos en el Malecón. Se pasó, lo digo sin resquemor, se pasó mucho.

Después había que oirlo en aquellos discursos.

Todo lo que hacía era repetir: «Verdaderamente, por qué no decirlo», y tal. Se quejaba de que le dolían las manos de tanto estrechárselas a la gente del pueblo. Yo no sé qué le encontraban. A mí nunca me cayó simpático. Como médico sí era bueno, pero como presidente engañó con muchas promesas, sí señor. La sangre se regó por las calles, los gangsters se mataban por mezquindades. Orfila fue testigo de la matanza más estúpida de este país. Aquello sí fue un baño de sangre por gusto. Todavía anda por ahí uno que se quedó ciego por la pólvora que le cayó en los ojos. Me ha contado cómo fue, porque yo no vi nada. El sí tenía un trecho largo andado. Aún hoy día es un tipo con agallas. Para ser policía de aquel Gobierno había que entrar en cada maraña... El participó en el tiroteo, ya casi al final. Aquello duró más de tres horas. Lo transmitieron por radio. Se oían los tiros claritos; no sé cómo lo hicieron, pero se oían. El locutor narraba lo que iba sucediendo en casa del comandante Morín Dopico. Toda La Habana estuvo atenta a la balacera aquella. La gente no se despegaba de la radio. Al cubano le gustaba mucho la crónica roja, y Orfila fue eso, una crónica roja. Mi amigo llegó cuando ya el tiroteo llevaba más de dos horas y media andando. Grau dejó que esas gentes se mataran solos. El decía que quería acabar con el gangsterismo, y lo que hacía era alimentarlo. Cuando mandó al ejército con tanques y camiones blindados ya habían muerto unos cuantos. Caían unos detrás de los otros. Se tapaban, y cuando el de adelante caía, ya el de atrás estaba hecho un colador. La gente se amotinó en palacio, pero Grau no sacó la cabeza. La que recibió a los enviados fue Paulina, su cuñada, que dicen que les comunicó que el presidente tenía fiebre de cuarenta. Ella era una mujer de pelo en pecho y lo zarandeaba a él. Eso era *vox populi*. Hay quien piensa que la de la idea del tiroteo fue ella misma. Lo cierto es que aquello sacudió al pueblo.

Mario Salabarría se lanzó primero. Era un comandante joven, muy agitador. El se enteró que Emilio Tro, otro bonchista que había sido combatiente en la Segunda Guerra Mundial, un tipo más serio, estaba en casa de Morín Dopico. Allá fue con un grupito y se cansó tirando tiros. Iba armado hasta los dientes. Dopico y Tro tiraban también. El combate fue duro y largo. La casa era grande. Tenía un seto de laureles que le cubría un poco, y ahí se escondían para ripostar. Así que los tiros atravesaban facilito. Cuando la policía hizo la investigación recogió casquillos de balas hasta en el baño de la casa. Dopico y Tro se rindieron después de un rato. La mujer de Dopico sacó una toalla blanca para parlamentar, pero no le sirvió de nada. Salabarría la cosió a balazos con balas dungdung, a pesar de que ella estaba embarazada. Cundo cayó al suelo, junto al seto, Tro, que venía atrás, la agarró por los tobillos para levantarla. Estaría nervioso, digo yo. Y ahí mismo le abrieron la tapa de los sesos con siete ráfagas de ametralladora. Eso fue traición, porque ellos se iban a rendir. Morín Dopico salió adelante con una hija de uno o dos años. Pudo meterse en un carro de la policía y escapar. La niña iba herida, pero no de muerte. El había quedado cesante unos días antes. Fue el que menos daño recibió. Perdió a la mujer y a los amigos, pero siguió viviendo. Salabarría, el peor de todos, ambicionaba posición. Al registrarlo le encontraron once mil pesos escondidos en los zapatos. Seguro que pensaba irse de farra a otro país después de matar a esa gente. ¿Quién sabe? Los que sufrieron fueron los familiares. La madre de Tro casi pierde el juicio. Culpó a Grau de todo. Ella declaró que el único responsable de la matanza era él. Pero Grau no decía ni esta boca es mía. Era un bicho. Quería eliminar a sus rivales con sangre. Por eso el pueblo se decepcionó de él Hacía un discursito que nadie entendía y se lavaba las manos. ¿Por qué no confesó nunca que Paulina se había robado el diamante del Capitolio? Y de eso no hay duda, porque el diamante apareció en la mesa de Grau, junto a los libros y los papeles. Yo no sé si él robó o no, ahora los que estaban a su lado eran ladrones profesionales casi todos. Lo peor es que él los apañaba. Era un viejo cobarde y un poco cazuelero. El hombre cazuelero si no lo hace a la entrada lo hace a la salida. A Grau, cuando salió de palacio, le gritaron más insultos que a un torero maricón. Es que había defraudado al pueblo. Chibás lo dijo en un mitin en el Parque Central. Y ése no tenía pelos en la lengua.

Cuando ganó las elecciones Carlos Prío Socarrás, mi mujer lloró de la emoción. Yo le dije:

—Caramba, mira que tú te atracas. Este viene peor, porque es más joven y más ambicioso.

Y ella me contestaba con rabia. Me echaba en cara mi nacionalidad.

—Tú eres español; esto no te interesa.

—Sí me interesa, pero no con estos tahures.

Ni cuando la ley del cincuenta por ciento me hice ciudadano cubano. Para la carpintería no hacía falta. Yo trabajaba solo, sin socios ni jefecitos. Otros peninsulares tuvieron que poner a un cubano a trabajar con ellos en los carros de carbón, en los cafés, en las tintorerías. Pero yo, como solitario, me las veía conmigo mismo. Así que la ley para mí ni fu ni fa.

Mi mujer quería que yo fuera hombre de política. Viéndola bien, ella tampoco era tan política. Le gustaba salir a las manifestaciones a gritarle a los candidatos, a verles las caras, a seguir las congas. El día que se murió Manolete, el mejor torero que ha tenido España, todo el mundo estaba afligido. La noticia aquí fue una bomba, pues ese día había un mitin y mi mujer me pidió que fuera con ella. Yo estaba terminando una casita de muñecas para la hija de un amigo. Fue el único encuentro a manos que tuvimos. Le dije que ella era una desvergonzada y tal. Me empujó contra la mesa de comer, y yo me levanté con una furia del carajo y le di un trompón que la llevó al suelo. Empezó a gritar porque creía que yo me había vuelto loco. Llegaron las vecinas, muy entrometidas por cierto, y me empezaron a decir barbaridades. Mi mujer amenazó con darse candela. Y yo me asusté. Fue un escándalo grande, porque nosotros éramos muy callados en el edificio. Pero me llenó la cabeza con los mítines y la política y tuve que reaccionar, si no me coge la baja. Cuando la vi que iba para la cocina a buscar la botella de alcohol, boté a todas las vecinas del apartamento. Se iban como gallinas asustadas. Me puse bonito verdad. Cogí el pomo de alcohol, lo tiré al piso y la agarré por los hombros.

—Aquí la única política que hay es mi trabajo. Si te gusta bien, y si no veremos.

Ella, a pesar de ser más alta que yo y muy valentona, se aconsejó.

—Lo voy a hacer por las niñas.

—Hazlo por quien te dé la gana, pero aquí se acabaron las congas políticas.

Fue, se arrodilló, le pidió a la virgen, lloró, bueno, todo lo que hacen siempre. A la hora y media me preguntó que si quería no sé qué dulce. Llegaron las niñas a la sala y compuesto el pastel. Por eso digo yo que en casa todo se arregla más o menos. Lo de afuera es lo que cuesta más. América y yo nos llevamos bien. Y a los vecinos los tratamos de lejos. Mis propios amigos nunca me visitan. Soy el que voy a verlos; o nos sentamos en el parque de Paseo o vamos a jugar al dominó. Pero mi casa ha sido siempre para mi mujer y mis hijas. Mucho me costó llegar a tenerla y formar un hogar. Será que como no tuve esa felicidad en mi tierra, lo hice aquí, con mucho sudor, valga decirlo. Las manos mías son más duras que el guayacán. Tengo las palmas callosas y los dedos casi sin sangre. A veces toco y no siento. Debe ser por los martillazos que me he dado en ellos. Pero, así y todo, no reniego de la madera; me gusta mucho, y si es cubana más. He vivido a placer en mi oficio, me he quejado de lo de afuera, pero no del trabajo. Todavía hoy cuando me dicen:

—Manuel, una sillita para la niña; Manuel, un botiquín para la fábrica tal...

Voy con gusto y lo hago. El día que yo no pueda o no tenga deseos, que me lleve la muerte. Ese día no quiero vivir más.

Lo primero que dijo Prío cuando se sentó en la silla presidencial fue: «Yo quiero ser un presidente cordial.» Ese era el truco para engatusar a la gente. Fue cordial, pero no hizo nada. Aquí a nadie le hacía falta la cordialidad. Lo que todo el mundo quería era que se acabara el gangsterismo y que hubiera comida y trabajo. Y eso ni por casualidad. Prío, al contrario, fue un botarate, le dio por gastar dinero en porquerías y metió un turismo en el país que lo único que hizo fue traer más corrupción de la que había. El mismo era un corrompido. A mí no me gusta hablar mal de nadie, pero que fue un adicto a la droga lo piensa hasta el gato. El mismo día que le dieron el golpe estaba en juerga o sepa usted; el caso fue que no hizo nada. Los estudiantes le fueron a ver y él se hizo el de la vista gorda. Cuando cogió el avión con su mujer llevaba unos espejuelos oscuros que nunca se quitaba. Con ellos disimulaba las ojeras del mal dormir, de la mala vida. Lo cogieron desprevenido, y él, para mí, que se alegró, como se iba con los bolsillos llenos. Ninguno de ellos supo lo que era coger un carretón a las cinco de la mañana y descargar sacos de papas o de almidón. Ninguno pasó trabajos. Por eso fueron presidentes de levita, alejados del pueblo. Ninguno sirvió para nada. Pero el peor fue Batista. Ese fue el más genízaro. Ni Primo Rivera le hacía sombra. La gente le tenía mucho odio, por eso dio el golpe de Estado. Si no es así no gana una elección ni con fraudes. Prío se metió en la Embajada de México y se fue a Miami. Siempre le tuvo miedo a Batista. Por su culpa aquí pasó lo que pasó. Lo que sabe todo el mundo. Batista no creía ni en su señora madre. Mató a todo el que se le puso por delante. Dejó chiquito a Machado. El único que combatió aquí el gangsterismo y al robo fue Chibás, pero se dio un tiro y se murió. Yo digo que perdió la cabeza; hubiera evitado mucha sangre. Iba directo a la silla presidencial, pero se mandó él mismo al cementerio y lo echó todo a perder. Los españoles nacionalizados iban a votar por Chibás. Eso se sentía en la calle. El último aldabonazo fue un tiro a ciegas mal dado. Entierro grande fue el que le hicieron a Chibás. Para entrar al cementerio había que pedir permiso. Mi mujer fue con las niñas, pero yo me quedé en casa trabajando. Los polacos de los altos tampoco fueron, y eso se vio mal. La gente pensaba que uno estaba comulgando con el sacristán. Nada de eso. Chibás le decía al pan pan y al vino vino, pero para mí que era un signo de interrogación. Se encaramaba en cualquier lugar para dar una arenga, igual en un muro que en el capó de un coche. La enfermera que lo atendió vivía cerca de mi casa. Estuvo días sin lavarse la mano derecha. Ella decía que Chibás, antes de morir, se la había besado.

Si no pongo mano dura, hasta mi mujer se viste de luto, y es que en este país todos los gobernantes habían sido unos bandoleros, así que cuando se destapaba uno que era líder la gente se volvía fanática. La televisión había surgido en esos años y era un apoyo a la política. Salían los líderes por la pantalla y el pueblo se descalabraba.

El mismo día que Batista dio el golpe, el diez de marzo del cincuenta y dos, Veloz vino a mi casa a proponerme la compra de un café. El tenía plata, pero estaba viejo ya.

—Oye, qué día has escogido para esto —le dije.

Fui a ver el café. Era una pocilga llena de moscas, en la calle I. Un negocio que había fracasado. Por eso lo daban barato. Se me ocurrió que podíamos levantarlo. Estaba cerca del parque Martí, a donde iba mucha gente a hacer deportes, y luego salían con hambre y con sed. Veloz dio la mitad del dinero. Yo iba a dar la otra cuando se me ocurrió meter a Gundín en el asunto. Veloz se molestó.

—Gundín es un tacaño. No va a querer dar un peso, no va a tomar en serio esto. Déjalo tranquilo.

El agarrado era Veloz. Gundín lo tomó muy en serio. Dio la cuarta parte y cerrado el trato. Le pusimos un nombre muy bonito: «Café La Toja», por unos arenales que quedaban cerca de mi lugar de nacimiento. Las primeras fotografías que nos tomaron allí se las mandé a Clemencia. Me contestó diciéndome: «Hermano, quiero verte, te estás poniendo viejo.» Es que me salieron canas hasta en la barbilla. Mi hermana no quería que yo fuera viejo. Así son todos los hermanos. Pero el tiempo no pasa por gusto. Y yo trabajé mucho en mi vida. Lo único que he hecho es eso. El polaco de los altos, el electricista, siempre me decía:

—Manuel, usted es de origen judío.

La verdad es que yo nunca supe de eso, pero si es judío el que trabaja, yo soy judío entonces. Ellos eran muy resabiosos y muy fanáticos. Los viernes había que encenderles la luz, y allá iba yo. Había que picarles el pan, y allá iba yo. La religión judía es así, tiene sus prohibiciones. Un judío se casa con una judía, va a la sinagoga, come comida judía, se reúne con judíos... Son fuertes y trabajadores, pero muy independentistas. La Habana se llenó de judíos pulidores de diamantes y vendedores de ropa. Al edificio nuestro le decían la colonia polaca, y era verdad, porque en la misma escalera había un olor especial entre agrio y dulce y muy húmedo. Era la piel de ellos, que, acostumbrada al frío, iba soltando la grasa poco a poco con el calor del trópico. Muchos se fueron cuando llegó Fidel. Tenían el signo de pesos en la frente. Querían hacer dinero a toda costa. Y me parece a mí que la cosa no es querer, sino poder. Mi caso es un ejemplo. Me he matado trabajando y el dinero se me ha escapado siempre entre las manos. El café me resolvió mucho. Mi mujer se puso a trabajar en él y dejó de lavar para la calle. Más bien la apuntación era lo que daba. Por eso abrimos una vidriera al frente. Todo el día era: «Perro que sigue a una monja, pavo real que fuma en pipa, barco que se hunde en alta mar, cura que no dice misa.» A veces venía la policía a joder. Eran unos abusones. América siempre los despreció, no les daba confianza. Entonces ellos, muy pintiparados, amenazaban con que iban a acabar con el vicio. No acababan, porque todo el mundo aquí jugaba a la charada, ¡qué carajo!

Si el Gobierno de Prío fue depravado, el de Batista mucho peor. Batista mataba en las calles por racimos. En esta parte donde vivo hubo muchas familias enlutadas. La alegría se acabó. Todo el mundo tenía un muerto en su casa. Cuando el ataque al cuartel

Moncada, ya en La Habana había luto. Yo vi a un heladero llenar el carrito de granadas de mano y luego explotarle al pasar por frente a la Octava Estación de Policía en Malecón y J. Y vi cómo sangraban las hermanas Giralt cuando las arrastraron en sacos de harina por las escaleras del edificio de Diecinueve y Veinticuatro. Conozco el Vedado, lo trabajé todo. No hay edificio más sociable que el mío. Por eso lo que vi es de a ojo, no de a cuento.

Una noche, mirando nosotros la lucha libre en casa de un vecino, escuchamos unos gritos en el edificio de al lado. Era la madre de un muchacho de dieciocho años al que cosieron a tiros en la carretera de Guanabo. El capitán Larraz le ametralló la cabeza porque era del Movimiento Veintiséis de Julio. Luego, con el cadáver acostado en el asiento de atrás, llenaron el maletero de cocaína para decir en el juicio que era un drogadicto. El capitán quedó sin castigo, aunque todo el mundo sabía que al muchacho lo que gustaba era de tomar Materva y vender bonos, ni qué más.

Entre la carpintería y la vidriera, estábamos siempre al día de la situación. América era una esponja:

—Manuel, van a coger al Jabao; Manuel, en casa de los Nóbregas hay uno escondido.

Todas las noches era algo distinto. Bombas, asesinatos en el Laguito, tiroteos por la madrugada. Un infierno como en la época de Machado. Yo no he visto país más revuelto que éste. El que nace aquí viene con sangre caliente en las venas. Eso lo da la mezcla del africano con el peninsular. Porque al chino lo que le corre por las venas es cocimiento de tilo. Los chinos siempre han sido muy tranquilos. El día que le viraron el carro de hortalizas al chino Joaquín para ver si había armas escondidas debajo de las lechugas, el policía le dijo:

—Si te cojo en el brinco, te la pelo, ¡cará!

Joaquín miró todo el rebumbio con los brazos pegados al cuerpo. Cuando la policía se fue, recogió las legumbres del pavimento. Se quedó solo, porque la gente echó un pie de allí. Al poco rato se puso a empujar la carretilla, y cuando llegó a la calle Calzada empezó a gritar:

—¡Tlae cole, lechuga, belenjena fleca!

Al día siguiente, las mujeres hablaron bajito: «El chino se perdió, qué pena, tan buenas lechugas que traía.» Y en eso apareció Joaquín con la carretilla llena hasta el tope y pregonando como si nadie se hubiera metido con él.

Veloz murió en mil novecientos cincuenta y seis. Cogió una fiebre tifoidea y se le hincharon las piernas. Fue por un mango verde que se comió. La señora de Conill pagó los funerales. El había sido su hombre de confianza. Cuando llegaron los Naturales de Ortigueira para ofrecer dinero y ayuda, ella salió a la puerta y les dijo:

—Yo me encargo de todo. Este hombre me sirvió por más de cuarenta años y era como de la familia.

Veloz fue un esclavo como Gundín. La esposa se le murió a los dos días lavándose la cara. Como era curra, se emperró. Le dio por tomarse la cabeza con las manos sobre la mesa de comer. Gundín y yo pasamos la noche entera en la funeraria. Veloz tenía sus defectos, pero era socio nuestro en el café y lo conocíamos desde el dieciséis. Nos quedamos Gundín y yo solos. Gracias a mi mujer, el café siguió abierto. Sangre y sudor nos costó. Los dos éramos tercos, porque en verdad Gundín era bastante dejado para el negocio. Lo único que hacía era echar partidas de dominó para perderlas. Yo quería darle una educación a mis hijas, y se la di con la carpintería y con el café. A mí nada se me puede meter en la cabeza, porque me salgo con las mías. De modo sea que ellas cogieron su rumbo. Una de enfermera y la otra de botánica, Caridad Sixta, la menor. Esto no lo digo a cualquiera, pero ella es más apegada a mí que Reglita. ¡Qué hijas tengo! Lo que yo nunca soñé. Caridad se ha pasado la vida leyendo libros de plantas. Desde muy chica, había que llevarla al zoológico y a los jardines. No salió a mí. Yo hubiera querido ser ingeniero de puentes. No hay nada más lindo que ver un puente de hierro, y hasta de madera, bien paradito. O una represa hecha por uno. Pero he sido de todo un poco y nada al final. Ese fue mi destino, ¡ca! Ahora veo a mis hijas y me digo: «Caramba, Manuel, es que tú naciste con un siglo de tardanza.» Me conformo, porque no hay nada peor que un viejo resabioso. Ya con ser viejo basta, y uno no va a estar contimás amargado.

Me hace feliz ver a mi mujer y a mis hijas. Es algo hecho en fábrica propia. Muchas cosas me hacen feliz. Todavía cuando recibo una carta de mi hermana o de mis sobrinos me pongo alegre, se me sube la sangre a la cabeza. Clemencia insistió tanto en que yo volviera a mi casa que volví. Ella quería verme de todas maneras, y le di el gusto. ¿Cómo iba a decirle que no a mi hermana? Volver a mi tierra después de veinte años era algo muy grande. Ahora iba con canas, más cojo que nunca y hasta un poco abultado de espaldas. Ya había entrado Fidel Castro en La Habana y empezaban los dimes que te diré. A mí nada me iba a asustar, por supuesto. Al contrario. Me gustaba la revolución, y Fidel me pareció un hombre radical y sin medias tintas. Venía a sanear de raíz, no como los anteriores, que gobernaban con el estómago.

Cogimos un avión mi hija Caridad y yo. Me

sentí un señor por primera vez en mi vida. A los sesenta años volaba a mi tierra con los ahorros de mi trabajo. No es igual la emoción de un viaje por aire que por mar. En el aire no ve uno más que nubes. Los pájaros quedan muy abajo, y cuando llueve se oscurece todo, no se ve nada. Linda es la llegada, porque Madrid tiene un arco iris por detrás del aeropuerto que parece un compás. España había adelantado en carreteras, pero el hijo de perra de Franco seguía encarcelando y matando.

Llegué a mi aldea con lluvia fina, típica de Galicia. Mi hija se pegó un señor catarro y no hacía más que quejarse. Clemencia nos recibió con romerías y turrones. Ya estábamos vencidos los dos. Más ella que yo. Los niños eran hombre y mujer ya, casados y con hijos. Angelita me enseñó la alcancía donde yo le echaba céntimos y pesetas. Tenía dos hijos varones muy majos. Manuelillo, mi sobrino predilecto, estaba empezando a quedarse calvo.

—Lo he heredado de usted, tío.

—Ya veo, hombre, ya veo.

Mucho solaz tuvimos durante tres meses mi hija y yo. La aldea era otra cosa. Casi todos los amigos estaban del lado de allá; quedaba mi hermana para llorar.

—No te pongas así, mujer.

—Es que te veo y me da una cosa pensar que no vuelvas.

—¿Cómo no voy a volver?

—Aquí tienes familia, Manuel, y yo estoy vieja, tengo las piernas llenas de venas.

—Lo sé, Clemencia, pero tengo que regresar.

—Esta es tu tierra, Manuel.

—Lo sé, lo sé, pero allá tengo mujer e hija. Si vas a ver, Clemencia, aquella es mi tierra también. Y yo tengo que volver.

En la aldea no hacían más que hablar de Cuba. ¡Ave María, en España siempre se habla de Cuba! Antes por la huida de los emigrados como yo y ahora por la Revolución. Por la una o por la otra, el español siempre tiene a Cuba en los labios. Con dolor de mi alma, me fui de Arnosa como en julio del sesenta. Todavía espero volver. Yo nunca pierdo las esperanzas, porque el que no quiere a su tierra es como el que no quiere a su madre o como el que tiene un hijo y lo mete al torno.

Ver La Habana desde el aire no es igual que entrarle por la bahía, aunque siempre se siente una emoción muy grande. Mucho más cuando lo reciben a uno la mujer y la hija. Llegando nosotros y yéndose la gente con baúles y maletas para el Norte. Familias enteras en el aeropuerto. Gente rica, banqueros, comerciantes, médicos. No pudieron aguantar un minuto más. La revolución puso las cosas en su lugar. Yo no me asusté, total vine al mundo en cueros, aprendí un oficio y compré un café que fue un dolor de cabeza en mi vida.

Gundín se estropeó, el pobre. La edad le ablandó el cerebro. No se ocupaba más que del dominó y La Tropical negra. A la muerte de Veloz, pasó a trabajar al café con mi mujer. Ya la señora de Conill no lo quería. Se mudó a un cuarto de la casa de Quinta y Dos solo como un perro. Tenía que ir yo a despertarlo a las seis de la mañana, porque las borracheras que cogía no creían en nadie.

—José, levántate, vamos a trabajar, viejo.

—Calla, calla, Manuel.

No contaba los pesos, no sostenía ni la cabeza sobre los hombros. La bebida mata el espíritu y hasta el honor viril. Un hombre que se había pasado su vida sacrificado, trabajando como un mulo de carga, de criado siempre, que terminara tan desvencijado era una pena.

Mis hijas lo querían como si fuera de la familia y mi mujer le dio siempre muy buenos consejos. Ella sabía todo lo que él había hecho por mí. Pero de nada valió. El que no oye es como el que no ve. Yo lo voy a visitar al asilo de vez en cuando. Trato de convencerlo de que salga a la calle, que vea gente, que camine, que respire aire puro, que viva. Pero él no pone oído. Se sienta conmigo en una fuente seca que hay allí y lo único que hace es echarle migajón de pan a los gorriones. Está como en el limbo. Toda la cerveza que se tomó le sale por la niña de los ojos. A mí me da dolor verle, pero qué puedo hacer con un hombre sin voluntad. Y pensar que ni siquiera pudo ver más a su familia.

El café lo tuvimos hasta que vino la intervención. América se puso a llorar, creyó que el mundo se le venía abajo. Yo, al principio, me caí un poco, pero luego me levanté y mandé todo a tomar vientos. Ella pasó a una fábrica para solicitar retiro y yo seguí en mi carpintería ganando un quilo por aquí y otro por allá. A los tres meses de la intervención, me ofrecieron trabajo de sereno, también para solicitar retiro. Lo acepté y me hice ciudadano cubano. Trabajé a unas cuadras de mi casa, en una academia de idiomas. Ahí estuve como seis años viendo desfilar ante mis ojos a muchas personas educadas, mayormente jóvenes. Me han dado méritos hasta para hacer dulce. Yo nunca pensé en diplomas de vanguardia y tal. El que ha estudiado allí me recuerda como Manuel el sereno, no como el carpintero. Ya la carpintería no es un oficio para mi edad. Así que lo que hago son arreglitos. De sereno me retiré hace poco. No cojo mucho, pero estoy conforme, porque no nací para ser rico. Mi mayor riqueza son mis hijas. La que estudió botánica se pasa la vida diciéndome que me va a llevar a Galicia un día de éstos. Como ya fue, se enamoró de aquello y quiere volver de visita.

—No esperes mucho, porque ahoritá doy el susto.

—No diga eso, papá; usted es un roble todavía.

Y así mismo es, porque voy a la bodega todos los días y cargo jabas de diez y veinte libras.

Mi hermana me sigue escribiendo con la misma cantaleta: que vuelva antes de que sea ella la que dé el susto. Ya le contesté que íbamos pronto Caridad y yo. Ahora sí es en serio. Yo no le temo a nada, pero me gustaría ir en vapor. Mi hija se ríe. Para ella el avión es como si fuera la lanchita de Regla. A mí ni me gusta volar tan alto. Pero con tal de volver a ver a la familia iría hasta en un zepelín. ¡Caramba!, me digo, si fuera como antes, que uno tenía el vapor ahí, en el muelle, pero, qué va, ahora hay que ir a los aeropuertos. La lejanía es mucha, se comprende, y como no puede existir un puente.

Cuando me siento en el parque no pienso más que en mi tierra. Y eso que quiero a Cuba como si hubiera nacido aquí. Pero mi tierra no la puedo olvidar. Algunos me critican porque todavía hablo con el acento gallego. Bueno, el acento no se pierde. Yo llegué aquí con dieciséis años. Ahora tengo ochenta y hablo igual. La lengua gallega es difícil de olvidar. Lo que pasa es que ya no hay con quien hablarla. Y al parque este no vienen más que cubanos. A mí me gusta llegar por la mañana, cuando todavía el sol no da tan fuerte en el banco. Si vengo en la tarde, me siento debajo de aquel árbol, el más coposo de todos; es un laurel. Ya la gente sabe que yo tengo esos dos bancos y me los respetan. Por la mañana uno y por la tarde el otro. Hasta con lluvia he venido yo al parque. Los domingos es cuando se pone más movido.

Llegan los niños en carriolas, los perros, los cochecitos, todo el barrio. Hay quien me pica con bromas pesadas. Pero yo como si conmigo no fuera. Lo que quiero es tranquilidad y descanso, y aquí los tengo.

A veces vienen los muchachos y me gritan:

—¿Qué es lo que hay, Manuel?

Es que me ven pensativo y creen que estoy en decadencia o que me voy a dormir. Pero nada de eso. Tengo los ojos bien abiertos. Y voy a vivir hasta que llegue mi hora. Entonces vuelven:

—¿Qué dice, Manuel?

Y yo no digo nada. ¿Qué voy a decir ya?

ESTE LIBRO
SE ACABO DE IMPRIMIR
EN LOS TALLERES GRAFICOS
DE IBARRA,
EN MADRID,
EN EL MES DE OCTUBRE DE 1981

SE ENCUADERNO EN
S. A. INDUSTRIA DEL LIBRO